KB194425

LES
FLEURS DU MAL

PAR

CHARLES BAUDELAIRE

On dit qu'il faut couler les execrables choses
Dans le puits de l'oubli et au sepulchre encloses,
Et que par les escrits le mal resuscité
Infectera les mœurs de la postérité ;
Mais le vice n'a point pour mère la science,
Et la vertu n'est pas fille de l'ignorance.

(THÉODORE AGRIPPA D'AUBIGNÉ, *Les Tragiques*, liv. II.)

PARIS
POULET-MALASSIS ET DE BROISE
LIBRAIRES-ÉDITEURS
4, rue de Buci.
—
1857

악의 꽃

Les Fleurs du Mal

샤를 보들레르 지음 | 이효숙 옮김

더스토리

차례

독자에게 • 10

우울과 이상

14   축복 Bénédiction

19   알바트로스 L'Albatros

20   비상 L'Élévation

22   등불들 Les Phares

25   돈에 팔리는 뮤즈 La Muse vénale

26   적 L'Ennemi

27   이전의 삶 La Vie antérieure

28   여행 중인 보헤미안들 Bohémiens en Voyage

29   인간과 바다 L'Homme et la Mer

30   지옥에 간 동 쥐앙 Don Juan aux Enfers

32   교만의 벌 Châtiment de l'Orgueil

34   아름다움 La Beauté

35   이상 L'Idéal

36   장신구 Les Bijoux

39   춤추는 뱀 Le Serpent qui danse

42   썩은 고기 Une Charogne

45   심연 속에서 울다. De Profundis Clamavi

46   뱀파이어 Le Vampire

48   레테 강 Le Léthé

50   사후(死後)의 회한 Remords Posthume

51   고양이 (사랑에 빠진 내 마음으로 오렴…) Le chat

52   발코니 Le Balcon

54   온통 다 Tout entière

56   너무 명랑한 여인에게 A celle qui est trop gaie

59   고백 Confession

62   향수병 Le Flacon

64   독 Le Poison

66   고양이 (강하고 부드러우며…) Le chat

69   아름다운 선박 Le Beau Navire

72   돌이킬 수 없는 것 L'Irréparable

75   한담 Causerie

76   에오통티모루메노스 L'Héautontimorouménos

79   크레올 부인에게 À une dame créole

80   고양이들 Les Chats

81   금이 간 종 La Cloche fêlée

82   애수 Spleen

87   안개와 비 Brumes et Pluies

88   고치지 못하는 것 L'Irrémédiable

91   어느 붉은 머리의 거지에게 À une Mendiante rousse

95   도박 Le Jeu

97   저녁의 땅거미 Le Crépuscule du Soir

100   유령 Un Fantôme

104   언제나 한결같이 Semper Eadem

105   가을 노래 Chant d'Automne

107   오후의 노래 Chanson d'après–midi

110   시시나 Sisina

112   가을 소네트 Sonnet d'automne

113   무(無)에 대한 취향 Le Goût du Néant

115   괴로움의 연금술 Alchimie de la Douleur

116   시계 L'Horloge

118   가면 Le Masque

121   미녀 예찬 Hymne à la Beauté

123   머리타래 La Chevelure

126   신들린 자 Le Possédé

127   귀신 Le Revenant

128   달의 슬픔 Tristesse de la Lune

129   파이프담배 La Pipe

130   음악 La Musique

131   즐거워하는 죽은 자 Le Mort joyeux

132   살아 있는 횃불 Le Flambeau Vivant

133   여행으로의 초대 L'Invitation au Voyage

파리 풍경

138   태양 Le Soleil

140   백조 Le Cygne

144 일곱 노인 Les Sept Vieillards

148 작은 노파들 Les Petites Vieilles

155 지나가는 여인에게 À une passante

156 죽음의 춤 Danse macabre

160 거짓에 대한 사랑 L'amour du mensonge

포도주

164 포도주의 영혼 L'Âme du Vin

166 넝마주이자들의 포도주 Le Vin des Chiffoniers

168 살인자의 포도주 Le Vin de l'Assassin

171 고독한 자의 포도주 Le Vin du Solitaire

172 연인들의 포도주 Le Vin des Amants

악의 꽃

174 어느 순교자: 미지의 스승에 관한 소묘
Une Martyre. Dessin d'un Maître inconnu

178 레스보스 Lesbos

183 형벌을 받은 여인들. 델핀과 이폴리트
Femmes damnées: Delphine et Hippolyte

190 선량한 자매 Les deux bonnes Soeurs

191 알레고리 Allégorie

193 뱀파이어의 변신 Les Métamorphoses du Vampire

195 키티라 섬으로의 여행 Un Voyage à Cythère

반항

200 아벨과 카인 Abel et Caïn

203 사탄의 신도송(信徒頌) Les Litanies de Satan

죽음

208 연인들의 죽음 La Mort des Amants

209 가난한 자들의 죽음 La Mort des Pauvres

210 어느 호기심장이의 꿈 Le Rêve d'un Curieux

212 여행 Le Voyage

1866년 판본에 추가된 시들

224 낭만적인 석양 Le Coucher du Soleil romantique

226 분수 Le Jet d'eau

229 찬가 Hymne

231 목소리 La Voix

233 예견치 못한 것 L'Imprévu

237 말라바르 여인에게 A une Malabaraise

1868년 판본에 추가된 시들

240 깊은 구렁 Le Gouffre

241 뚜껑 Le Couvercle

243 자정의 점검 L'examen de minuit

245 경고하는 자 L'Avertisseur

246 반역자 Le Rebelle

247   어느 이카루스의 탄식 Les Plaintes d'un Icare

248   어느 이교도의 기도 La Prière d'un Païen

249   슬픈 마드리갈 Madrigal triste

252   모욕당한 달 La Lune offensée

254   명상 Recueillement

기타

256   어느 저주받은 시인의 묘지 Sépulture d'un Poète maudit

257   형벌을 받은 여인들 Femmes damnées

259   기도 Prière

작품 해설 • 262

샤를 보들레르 연보 • 271

독자에게

어리석음, 실수, 죄, 인색함이
우리의 정신을 차지하고, 우리의 몸을 조련하며,
우리의 사랑스런 회한을 살찌운다네,
거지들이 자기 몸의 벌레를 먹여 살리듯이.

우리의 죄는 고집스럽고, 뉘우침은 느슨하며,
우리는 자백으로 두둑이 챙기고,
우리의 모든 얼룩이 비루한 눈물로 씻겼다고 믿으며,
우리는 즐거워하며 다시 진창길로 들어선다네.

잠자리에서, 바로 그 사탄, 헤르메스는
이미 홀린 정신을 오래도록 현혹시키고,
우리 의지의 호화로운 금속은
그 박식한 화학자에 의해 모두 증발되어버리네.

우리를 흔들어대는 줄을 붙잡고 있는 것은 '악마'라네!
우리는 혐오스러운 대상들에게서 매력을 발견하고,
냄새가 고약한 암흑을 거치면서도 끔찍해하지 않고,

매일 한 걸음씩 '지옥'을 향해 내려간다네.

창녀였던 여인의 학대받은 가슴에 입 맞추고
먹을 듯이 탐닉하는 빈궁한 난봉꾼처럼,
우리는 지나는 길에 은밀한 쾌락을 훔쳐서,
늙은 오렌지마냥 아주 세게 짓누른다네.

수많은 '악령들'이 백만 마리 기생충처럼
우리의 뇌 속에서 득실거리며 진탕 먹어대고,
우리가 숨을 쉴 때는 '죽음'이 어렴풋한 탄식과 함께
우리의 폐 속으로 보이지 않는 강물이 되어 내려온다네.

우리네 초라한 운명들의 평범한 캔버스에
아직까지는 강간, 독약, 단검, 화재 따위
재밌는 계획들로 장식하지 않은 것은 애석하게도,
우리의 영혼이 충분히 대담하지 못하기 때문이라네.

하지만 우리의 비열한 악덕 동물원에 있는

재칼, 표범, 사냥개, 원숭이, 전갈, 매, 뱀,
찢어지는 소리를 내지르고, 으르렁거리고,
툴툴거리고, 기어 다니는 그 괴물들 사이에,

더 추하고, 더 못되고, 더 추잡한 괴물이 하나 있다네!
큰 동작도 큰 비명도 내지르지 않으면서도,
땅을 기꺼이 쓰레기로 만들어 버릴 테고,
하품하다가 세계를 삼켜버릴 테고,

지겹게도! 의도치 않게 눈물 고인 눈으로,
물 담배를 빨면서 참수형을 꿈꾼다네.
독자여, 그대는 그 예민한 괴물을 알고 있다네,
위선적인 독자, 나의 닮은꼴, 나의 형제여!

우울과 이상

Ch. Baudelaire

축복*

그 '시인'이 지고한 권세의 명령에 따르며
이 지루해진 세상에 등장할 때,
그의 어머니는 극심한 공포로 불경한 말을 퍼부으며
신을 향해 두 주먹을 꽉 쥐는데, 신은 그녀를 동정한다.

"아! 나는 비웃음거리를 양육하느니 차라리
독사를 무더기로 낳는 게 낫지 않았을까!
나의 배가 속죄를 수태하던
그 덧없는 쾌락의 밤이 저주스럽구나!

"네가 모든 여인들 중에서 나를 선택하여
내 처량한 남편의 역겨움이 되었고,
나는 그 시들시들한 괴물을 불길 속에
연서(戀書)처럼 던져버릴 수 없으므로,

---

* 이 시는 보들레르의 Spleen et Idéal(우울과 이상) 부분에서 처음 등장하는 시이
다. 여기서 'spleen'이라는 단어는 낭만주의적 멜랑콜리를 가리키는 것이기보다
는 신학적이고 존재론적인 맥락에서 사용되어 회개와 침체를 동반하는 도덕적
죄책감을 가리킨다. 우울함 또는 비탄에 가까운 심리상태라고 할 수 있다.

"네 심술들의 저주스런 도구 위에서 나를 짓누르는
너의 증오를 나는 솟구치게 할 것이며,
그 비참한 나무를 너무도 잘 비틀어놓아서
악취 풍기는 싹들은 자랄 수 없게 되리라!"

그녀는 그렇게 증오의 거품을 삼키고,
영원의 계획을 이해하지 못해서
어미로서 저지른 범죄에 바쳐질 화형대를
게엔나* 구석에서 스스로 준비한다.

그렇지만 상속권을 박탈당한 '아이'는
어느 '천사'의 보이지 않는 가호 아래 태양에 도취되고,
마시고 먹는 모든 것들 속에서
신들의 음식과 진홍빛 신주(神酒)를 다시 누린다.

그는 바람과 장난치고, 구름과 담소하고,
십자가의 길을 노래하며 도취되는데,
순례에서 그를 따라다니는 '성령'은
그가 수목의 새처럼 즐거워하는 모습을 보며 슬퍼한다.

---

* 예루살렘의 남서쪽에 위치한 좁고 깊은 계곡. 이 계곡은 오래 전에 우상을 숭
배하던 곳이었다가 이어서 악취가 멀리까지 풍기는 쓰레기장이 되었다. 문학 속
에서 끔찍한 고통의 장소나 죄인들이 죽은 후 가는 곳의 은유적인 표현으로 쓰
이곤 한다.

그가 사랑하려 하는 이들은 모두 두려워하며
그를 관찰하거나, 그가 평온히 있으면 대담해져서
그를 탓할 수 있을 만한 사람을 물색하고
자신들의 잔악함을 그에게 시험해본다.

그들은 그의 입으로 들어갈
빵과 포도주에다 재와 더러운 가래를 섞는다.
그들은 그가 만지는 것을 위선을 떨며 내던지고
그의 발자취에 발 들인 것에 대해 자책한다.

그의 아내는 공공장소에서 소리 지르며 다닌다.
"그가 나를 꽤 아름답다고 여기고 숭배하므로,
나는 고대 우상들의 역할을 할 것이고,
그들처럼 다시 금박으로 입혀지고 싶다.

"그러면 나는 감송, 향, 몰약, 아첨,
고기, 포도주에 물리도록 취할 것이다.
나를 찬미하는 어느 마음에서, 신에 대한 경배를
웃으며 횡령할 수 있을지 알아보기 위하여!

"그 불경스런 장난에 싫증이 날 때면,
나의 가냘프면서도 강한 손을 그에게 얹을 것이고,

하르퓌아*의 손톱과도 같은 내 손톱은
그의 심장까지 파고들어갈 수 있으리라.

"바들바들 떨며 파닥거리는 아주 어린 새처럼
그의 가슴에서 새빨간 심장을 뽑아낼 것이고,
내가 좋아하는 짐승을 포식시키기 위해
땅바닥에 그 심장을 경멸하며 내던질 것이다!"

태연한 '시인'이 찬란한 옥좌가 눈에 보이는
'하늘'을 향해 경건히 팔을 들어 올리자,
명철한 정신의 방대한 섬광들이 그로 하여금
성난 백성들의 모습을 보지 못하게 한다.

"우리의 타락에 대한 신성한 치유와도 같고,
강자들에게 성스런 쾌락을 준비시키는
가장 좋은 순수한 정수(精髓)와도 같은
고통을 주는 나의 신이여, 축복 받으소서!"

"당신이, 성스런 군단의 복자(福者) '대열'에
그 '시인'을 위한 자리 하나를 마련해두고,

---

* 폭풍과 죽음을 다스리는 새의 몸에다 여자 얼굴을 한 괴물. 비유적으로는 욕심
이 사납거나 심술궂은 여자를 가리킨다.

좌천사, 역품천사, 주천사들의 영원한 축제에
그를 초대한다는 것을 나는 알고 있다."

"괴로움은, 이승과 저승이 결코
파고들지 못할 유일한 고귀함이며,
나의 신비로운 왕관을 엮기 위해서는
온 시간과 온 우주를 부과해야 함을 나는 알고 있다."

"하지만 고대 팔미라의 잃어버린 보석들,
미지의 금속들, 바다의 진주들은,
당신의 손으로 박는다 해도, 눈부시고 환한
그 아름다운 왕관에 못 미칠 것이다."

"그 왕관은 태초의 빛줄기의 성스런 진원에서 퍼낸
순수한 빛으로만 만들어질 것이며,
그 빛줄기들의 흠 없는 찬란함 속에서 인간의 눈은
그저 흐려져서 탄식하는 반사경일 뿐이니까."

알바트로스

가혹한 구렁 위로 미끄러지듯 가는 선박을
느긋한 여행 동반자가 되어 따라오는
바다의 거대한 새 알바트로스,
종종 뱃사람들이 재미 삼아 붙잡는다.

그들이 알바트로스들을 바닥에 놓자마자
그 창공의 왕들은 서투르고 수치스러워서,
노처럼 양쪽에서 질질 끌리는
희고 커다란 날개를 가련하게 내버려둔다.

날개 달린 그 여행자들은 어찌나 어설프고 털이 많은지!
이전에는 그토록 아름답더니, 이제는 어찌나 우습고 추한지!
한 선원이 담배파이프로 부리를 자극하고,
또 한 선원이 절뚝거리며 불구가 된 새를 흉내 낸다!

'시인'은, 태풍에 들러붙어
궁수를 비웃는 구름 왕자와 비슷하고,
시인의 거대한 날개는, 빗발치는 야유 속에
바다로 추방된 그 새를 걷지도 못하게 방해한다.

비상(飛上)

연못들, 계곡들, 산들, 숲들 위로,
구름들, 바다들 위로,
태양 너머로, 창공 너머로,
별들의 천구 너머로,

나의 정신, 너는 민첩하게 움직이고,
파도 속에서 황홀해지는 헤엄 잘 치는 사람처럼,
너는 말로 할 수 없는 남성적 쾌락을 느끼며
그 방대하고 깊은 곳을 즐거이 누비고 다니는구나.

병적인 이 썩은 기운들로부터 아주 멀리 날아가,
상층 공기로 가서 너를 정화시키고,
투명한 공간들을 채우는 맑은 불을
신의 순수한 음료처럼 마시라.

흐릿한 존재에 무겁게 실려 있는
걱정들과 방대한 근심들 뒤에서,
반짝이고 평온한 들판을 향해
힘찬 날개로 비상할 수 있는 자는 행복하여라!

생각이, 아침이면 종달새처럼
하늘을 향해 자유로이 도약하여
삶을 내려다보고, 꽃들과 말없는 것들의
언어를 힘들이지 않고 이해하는 자!

등불들

루벤스, 망각의 강, 나태의 정원
하늘의 공기와 바다 속의 바다처럼,
사랑할 수는 없지만, 생명이 모여들고,
끊임없이 분주한 신선한 육체의 베개.

레오나르도 다빈치, 매력적인 천사들이
신비로움이 잔뜩 실린 부드러운 미소를 지으며,
자신들의 나라를 닫아놓는 빙하와 소나무들의
그늘에 나타나는, 깊고 어두운 거울.

렘브란트, 투덜거림으로 가득하고,
기도가 쓰레기에서 새어나오는 그저
장식일 뿐인 커다란 십자고상으로 가득하고,
불쑥 통과하는 겨울 빛줄기로 가득한 처량한 병원.

미켈란젤로, 헤라클레스들이 그리스도들과 뒤섞이고,
어스름한 빛 속에서 위압적인 유령들이
똑바로 서서 손가락들을 뻗어 자기 수의를
찢는 것이 보이는 어렴풋한 장소.

복싱선수의 분노, 목신의 뻔뻔함,
상놈들의 아름다움을 그러모을 줄 알았던 너,
교만으로 부푼 대단한 기개, 허약하고 누런 인간,
퓌제, 도형수들의 우울한 황제.

바토, 많은 혁혁한 마음들이
나비들처럼 번쩍거리며 방황하는 사육제,
빙글빙글 도는 무도회에 광기를 퍼붓는
샹들리에가 환히 밝히는 신선하고 가벼운 장식들.

고야, 악마들의 양말을 매만져주며 유혹하기 위해,
미지의 것들로 가득하고,
안식일 한중간에 태우게 하는 태아들과
거울 속의 노파들과 알몸의 아이들로 가득한 악몽.

들라크루아, 언제나 푸른 전나무 숲 때문에 그늘진
나쁜 천사들이 드나드는 피의 호수,
거기서, 침울한 하늘 아래, 이상한 팡파르가
베베르*의 짓눌린 한숨처럼 지나간다.
그 저주, 그 불경한 말들, 그 한탄,

---

* 카를 마리아 프리드리히 에르네스트 폰 베베르(1786-1826). 독일의 낭만주의
음악 작곡가.

그 황홀경, 그 외침, 그 눈물, 그 테데움은
숱한 미로들에 의해 되풀이되는 메아리이고,
인간의 마음에게는 굉장한 마약이다.

그것은 숱한 보초들이 반복한 외침이고,
숱한 확성기가 전달하는 지시이며,
숱한 성채들이 켜놓은 등불이고,
큰 숲에서 길 잃은 사냥꾼들의 부름이다!

왜냐하면, 주여, 그것은 우리의 존엄성에 관해
정녕 우리가 할 수 있는 최선의 증언이고,
시대를 가로지르며 굴러서, 당신의 영원 가장자리로
가서 죽는 뜨거운 흐느낌이기 때문입니다!

돈에 팔리는 뮤즈

오 내 마음의 '뮤즈', 궁궐들의 연인이여,
'1월'이 '삭풍들'을 풀어놓게 될 때면,
눈 내리는 저녁의 그 컴컴한 갑갑함 동안,
너는 푸르뎅뎅한 두 발을 덥힐 깜부기불을 갖게 될까?

그래서 덧창들을 뚫고 들어오는 밤의 빗줄기에
네 어깨는 대리석처럼 보이게 될까?
너는 네 궁궐처럼 돈주머니도 말라버린 것을 느끼며
푸른 궁륭의 황금을 수확하게 될까?

너는 매일 저녁 먹을 빵을 벌기 위해
성가대 아이처럼 향로를 흔들거나,
네가 거의 믿지도 않는 테데움을 노래하거나,

배곯은 곡예사처럼, 속인을 배꼽 빠지도록 웃기기 위해,
남들이 못 보는 울음에 젖은 웃음과
매력을 펼쳐보여야 한다.

적

내 젊음은, 여기 저기 반짝이는 햇빛이
간간이 가로지른 컴컴한 폭풍우였을 뿐,
내 정원은, 천둥과 비가 너무 황폐하게 만들어서
새빨간 과일이 아주 적다.

이제 나는 사유의 가을에 닿았고,
물이 무덤처럼 커다란 구멍들을 파놓은
침수된 땅들을 새로 모으기 위해
삽과 쇠스랑을 사용해야 한다.

내가 꿈꾸는 새로운 꽃들이, 모래사장처럼 씻긴
그 땅에서 그들의 활력이 될
신비스런 양식을 얻게 될지 그 누가 알겠는가?

— 오 괴로워라! 오 괴로워라! '시간'이 삶을 먹어버리고,
우리가 잃는 피로 우리의 심장을 갉아먹는
모호한 '적'은 늘어나서 강해지고 있다!

이전의 삶

바다의 햇빛이 숱한 불빛들로 물들이고,
저녁이면 곧고 웅장한 기둥들이
현무암 동굴같이 만들어놓은 광대한 주랑(柱廊) 아래서
나는 오래도록 살았다.

높은 파도들이 하늘의 형상들을 감싸말면서
그들의 풍요한 음악의 전능한 화음들을,
내 눈을 통해 투영되는 석양의 색깔들에
성대하고 신비롭게 뒤섞곤 했다.

바로 거기서 나는 고요한 관능 속에 살았다.
창공, 파도, 광채, 그리고 향기가 푹 배어든
나체 노예들 한가운데서.

그 노예들은 종려나무 잎사귀로 내 이마를 식혀주었는데,
그들이 정성들이는 거라고는 오로지
나를 번민케 하는 괴로운 비밀을 심화시키는 것이었다.

여행 중인 보헤미안들

불타오르는 눈동자로 예언하는 부족이
자식들을 등에 업거나, 늘어진 유방에 늘 준비돼있는
보물을 자식들의 지독한 식욕에 넘겨주며,
어제 길을 나섰다.

남자들은 번쩍이는 갑옷 차림으로,
식구들이 쪼그려있는 수레를 따라 걸으며,
있지도 않은 망상들의 침울한 후회 때문에
무거운 눈으로 하늘을 이리저리 둘러본다.

귀뚜라미가 모래 깔린 자신의 누옥 안에서
그들이 지나가는 것을 바라보며 더 열심히 노래하고,
그들을 사랑하는 키벨레* 여신은 귀뚜라미의 초목을 늘려주며,

여행자들 앞에서 바위에 물이 흐르게 하고
사막을 꽃피우며, 그들을 위해
미래에는 암흑이 될 친숙한 제국이 열린다.

---

* 프리기아(아나톨리아의 서부 고원에 있던 고대 도시국가) 출신의 여신. 그리스 신화
와 로마 신화에서 이를 채택하였고, 일반적으로 '원시적 자연'을 상징한다.

인간과 바다

자유인이여, 너는 바다를 늘 소중히 여길 것이다!
바다는 너의 거울이고, 너는 네 영혼을
한없이 펼쳐지는 물결 속에서 응시하는데,
네 정신 또한 못지않게 쓰라린 나락이구나.

너는 네 형상 가운데로 빠져들기 좋아하고,
네 눈과 팔로 그 형상을 감싸 안는데,
네 마음은 길들일 수 없는 야생적인 불평 소리 때문에
정작 자신의 웅성거림은 가끔씩 도외시하는구나.

너희는 둘 다 어둡고 눈에 띄지 않아서,
인간은 아무도 네 심연의 바닥을 측량치 못했고,
오 바다여, 아무도 너의 내밀한 풍요를 알지 못하니,
그 정도로 너희는 자신의 비밀들을 지키려 드는구나!

그런데 그토록 셀 수 없이 숱한 세월 동안
너희들은 연민도 회한도 없이 서로 싸웠으니,
그 정도로 너희는 살육과 죽음을 좋아하는구나,
오 영원한 싸움꾼들이여, 오 인정사정없는 형제들이여!

지옥에 간 동 쥐앙*

동 쥐앙이 땅 밑 물을 향해 내려가서,
카론**에게 조촐한 돈을 냈을 때,
안티스테네스***처럼 긍지에 찬 눈의 음침한 거지가
강한 복수의 팔로 매번 노를 붙잡았다.

여인들은 늘어진 가슴과 벌어진 드레스를 보이면서
시커먼 창공 아래서 몸을 꼬고 있었고,
제물로 바쳐진 큰 무리처럼
그의 뒤에서 울음소리를 길게 끌었다.

스가나렐****은 웃으면서 그에게 급료를 요구하는가 하면,
돈 루이스*****는 기슭에서 헤매는 망자들에게

---

* 보통 '돈환'이라 표기되는 바로 그 전설적인 인물을 가리키긴 하지만, 여기서는 프랑스 17세기 희극작가 몰리에르의 작품에 나오는 인물을 지칭하는 것이므로 '동 쥐앙'이라고 표기하는 것이 적절할 것이다.

** 그리스 신화에 따르면, 에레보스와 닉스(밤)의 아들로서 뱃사공이다. 스틱스 강과 아케론 강을 건너게 해주고는 동전을 받았다.

*** 아테네에서 서기 전 444년에 태어나 365년에 죽은 것으로 추정되는 그리스 철학자. 견유학파의 창시자로 여겨지고 있다.

**** 몰리에르의 『동 쥐앙』에 나오는 인물로서, 동 쥐앙의 하인이다.

***** 동 쥐앙의 아버지.

그의 하얀 이마를 놀리는 뻔뻔한 아들을
떨리는 손가락으로 가리켜 보였다.

자기 애인을 피했던 정숙하고 마른 엘비르*는
신의 없는 남편 가까이서 상복을 입은 채 바르르 떨며,
그에게 마지막 미소를 요청하는 듯했고,
그 미소에서는 첫 맹세의 부드러움이 반짝였다.

갑옷을 입고 곧추 선 키 큰 남자의 석상이
둑에서 버티고 서서 검은 물 흐름을 가로막고 있었으나,
그 침착한 영웅은 자신의 장검에 몸을 구부리고
그 자취를 바라보면서도 아무것도 보려 들지 않았다.

---

* 동 쥐앙의 아내인데, 지조 없는 남편으로부터 배신을 당하는 순결한 여인의 상
징으로 그려진다.

교만의 벌

'신학'이 생기와 활력 넘치게 꽃피던
그 굉장한 시절에 사람들이 말하기를,
어느 날 아주 위대한 박사가
— 무관심한 마음들에게 무리하게 강요하고,
그들의 어두운 심연 속을 뒤흔들어놓은 후,
하늘의 영광을 향해, 어쩌면 오로지 순수한
'정신들'만 왔었던 길들을 건넌 후 —
너무 높이 올라가는 바람에 공포에 사로잡힌 사람처럼,
사탄 같은 교만에 휩싸여 소리쳤다.
"예수여, 어린 예수여! 내가 너를 아주 높이 밀어놓았다!
그러나 갑옷이 없는 너를 내가 공격하려 들었다면,
네 부끄러움은 네 영광에 필적할 것이며,
너는 그저 하찮은 태아에 불과할 것이다!"

즉각 그의 이성이 사라졌다.
태양의 광채에는 초상의 베일이 드리워졌고,
예전에는 활기차고 질서와 풍요가 가득한 신전이던
그 예지 속에 온통 혼돈이 굴렀다.
그토록 화려하게 반짝이던 천장 아래서.

열쇠를 잃어버린 지하실에서처럼,

침묵과 밤이 그의 안에 자리 잡았다.

그 때부터 그는 거리의 짐승들과 비슷했고,

낡아빠진 사물처럼 더럽고 쓸데없고 추한 모습으로,

여름과 겨울도 구분 못하고 아무것도 못 보는 채

벌판을 돌아다니고 있었을 때,

그는 아이들로 기쁨과 웃음을 만들곤 했다.

아름다움

오 인간들이여, 돌로 된 꿈처럼 나는 아름답다!
각자 돌아가며 상처를 입었던 곳인 내 가슴은
영원하고 말없는 사랑과 소재를
시인에게 불어넣기 위해 생겨났다.

나는 이해받지 못한 스핑크스처럼 창공에서 군림하고,
눈 같은 마음을 백조들의 흰 빛에 결합시키고,
선들을 이동시키는 움직임을 증오하고,
결코 울지 않고 결코 웃지 않는다네.

긍지에 찬 기념물들에서 빌려온 듯 보이는
내 도도한 태도를 보며, 시인들은
준엄한 연구에 인생을 소모하게 되리라.

왜냐하면 나는, 유순한 연인들을 홀리기 위해,
모든 것을 미화시키는 깨끗한 거울을 갖고 있으니.
그 거울은 내 눈, 영원히 빛나는 내 커다란 눈!

이상

내 마음과도 같은 마음을 만족시킬 수 있는 것은,
발에 장화를 신고, 손가락에는 캐스터네츠를 끼고 있는
망나니 같은 세기에 태어난 그 손상된 제품 같은
도안들 속 미녀들은 결코 아닐 것이다.

빈혈증 환자 같은 시인 가바르니*에게,
병원의 미녀들 같은 그 종알거리는 무리를 맡기련다.
왜냐하면 나는 그 창백한 장미들 가운데서
나의 이상적인 빨강과 닮은 꽃을 발견할 수 없기 때문이다.
심연처럼 깊은 이 마음에 필요한 것은,
옛날 기후에 꽃피우던 아이스킬로스의 꿈,
범죄에서도 막강한 영혼인 레이디 맥베스, 바로 당신이다.

혹은, 타이탄들의 입 속에서 만들어진 매력을
이상한 포즈 속에서도 평화로이 쥐어짜는,
미켈란젤로의 딸, 굉장한 '밤', 바로 너!

---

* 폴 가바르니(Paul Gavarni, 1804-1866)는 파리에서 태어나고 파리에서 죽은 데
생화가, 수채화가, 판화가이다.

장신구[*]

가장 소중한 여인은 벗고 있었고, 내 마음을 알고 있어서,
소리 나는 장신구들만 간직하고 있었고,
그 값비싼 것들이 그녀를 승리자처럼 보이게 했는데,
무어인들의 노예들이 호시절에 보였던 그런 모습이었다.

그것들이 춤을 추며 강렬하고 비웃는 소리를 낼 때면,
금속과 보석으로 반짝이는 그 세계가
나를 황홀하게 매료시키고,
나는 소리와 빛이 어우러지는 것들을 격렬히 좋아한다.

그녀는 누워 있었고, 사랑하도록 가만히 있었으며,
절벽을 향하듯 그녀에게 오르던,
바다처럼 깊고 부드러운 내 사랑에
소파에서 기쁨으로 미소 지었다.

그녀는 길들여진 호랑이처럼 내게 눈을 고정시키고,

---

* 이 시 〈장신구〉와 이후에 나오는 〈레테 강〉, 〈너무 명랑한 여인에게〉, 〈레스보스〉, 〈뱀파이어의 변신〉은 1875년에 경범죄법원에서 처벌을 받아서 당시에는 『악의 꽃』에 실릴 수 없는 작품들이었다. (플레야드 판 『보들레르 전집』 편집자 주.)

모호하고 꿈꾸듯이 이런저런 자세들을 취해보았으며,
음란함에 결합된 천진함이
그녀의 변신들에 새로운 매력을 주곤 했다.

기름처럼 매끈하고, 백조처럼 구불구불한
그녀의 팔과 다리, 엉덩이와 허리가
명철하고 차분한 내 눈 앞으로 지나갔고,
내 포도나무의 포도송이들인 그녀의 가슴과 배가

내 영혼의 휴식을 방해하고,
그녀가 고요히 고독하게 앉아 있던 수정바위로부터
그녀를 방해하기 위해
악의 천사들보다 더 아양을 떨며 앞으로 나아갔다.

나는 안티오페*의 허리가 어떤 새로운 소묘를 통해
어느 풋내기의 상반신에 결합되는 것을 보는 것만 같았는데,
그 정도로 허리가 골반을 두드러져보이게 했다.
엷은 황갈색과 갈색의 얼굴빛에서 분(紛)은 찬란했다!

---

* 그리스 신화에 나오는 인물로서, 미모가 출중하여 제우스가 사티로스의 모습
으로 나타나 그녀를 겁탈하여, 이로 인해 두 아들 암피온과 제토스를 낳게 된다.
안티오페를 소재로 앵그르, 바토, 티티아노, 르 코레주 등 많은 화가들이 그림을
그렸는데, 보들레르는 르 코레주가 그린 안티오페에서 영감을 얻었던 것으로 추
정된다.

― 등불은 체념하고 죽기를 받아들였고,
화덕 혼자서 방을 밝히고 있었으므로,
화덕이 불타오르는 한숨을 내지를 때마다
그 호박색(琥珀色) 피부는 피로 홍건했다.

춤추는 뱀

나른한 여인이여, 흔들리는 별처럼 너무도 아름다운
　　네 몸의 살결이
번들거리는 것을 보는 것이 나는
　　어찌나 좋은지!

신선한 향기가 풍기는 너의 짙은
　　머리채 위에서
푸른 갈색 물결의 향기를 풍기며
　　방랑하는 바다.

아침에 부는 바람에 깨어나는
　　선박처럼
꿈꾸는 내 영혼은 먼 하늘을 향해
　　출범 채비를 한다.

달콤한 것이건 쌉쌀한 것이건 아무것도 드러나지
　　않는 네 눈은
황금과 철이 섞이는 두 개의
　　차가운 보석.

태평한 미녀여, 박자에 맞춰 걷는
　　　너를 보면,
마치 막대기 끝에서 춤추는
　　　뱀과 같고,

게으름이라는 짐 아래서 아이 같은
　　　네 머리는
어린 코끼리처럼 나약하게
　　　흔들거리고,

어린 코끼리의 몸은 좌우로 흔들리다가
　　　활대들을 물에
푹 빠뜨리는 날씬한 선박처럼 기울다가
　　　길게 뻗는다.

으르렁거리는 빙하들이 녹아서
　　　불어난 물처럼,
네 입속의 물이 네 이빨들 가장자리로
　　　올라올 때면,

내 마음의 별들이 흩뿌려진 액체 하늘인
　　　쓰라리고 의기양양한

보헤미안들의 포도주를 내가 마시는

　　것만 같다!

썩은 고기

내 영혼이여, 너무나 부드럽던 그 화창한 여름날 아침,
　　우리가 무엇을 보았는지 상기하라.
어느 오솔길 모퉁이에 혐오스런 썩은 고기가
　　조약돌이 듬성듬성한 물길에,

불타오르는 독을 배출하는 음탕한 여인이
　　두 다리는 허공으로 향한 채
나른하고도 파렴치하게
　　잔뜩 발산하는 복부를 열어두는 것처럼,

이 썩는 것 위에서 태양이 환히 빛났고,
　　마치 알맞게 익혀서,
위대한 자연이 다 함께 결합시킨 그 모든 것을
　　자연에게 백배(百倍)로 돌려주려는 듯이.

그 멋진 뼈다귀가 꽃처럼 환히 피어오르는 것을
　　하늘은 바라보고 있었고,
악취가 너무 강하여 당신은 풀밭 위에서 자신이
　　피어오르는 것만 같았을 것이다.

썩어가는 그 복부 위에서 파리들이 윙윙대고, 거기서
        시커먼 애벌레들이 숱하게 나오는데,
그 살아 있는 누더기들이 두터운 액체처럼 길게
        흐르고 있었다.

거기서 이 모든 것이 반짝이며 솟아오르는 파도처럼
        오르락내리락하였으며,
희미한 숨결에 부풀어 오른 몸이 증식하며
        살고 있는 것만 같았다.

그 세계는 이상한 음악을 내주고 있었는데,
        흐르는 물과 바람,
또는 키질하는 사람이 율동적인 동작으로 키 속에서
        흔들어대고 돌리는 낟알 같았다.

형체들이 지워져서 이제는 그저 꿈일 뿐이었고,
        잊힌 화폭 위에 천천히 오게 될,
그리고 화가가 오로지 추억을 통해서만 완성시키는
        밑그림일 뿐이었다.

바위 뒤에서 불안해하는 암캐 한 마리가 애석한 눈초리로
        우리를 바라보면서,

놓쳤던 고깃덩어리를 그 뼈다귀에서 다시 집어들 순간을
　　　살피고 있었다.

─ 그런데 그 쓰레기, 그 끔찍하게 혐오스런 것과 당신은
　　　비슷해질 것이다,
내 눈의 별, 내 자연의 태양,
　　　나의 천사, 나의 열정인 당신이!

그렇다! 당신은 그리 될 것이다, 오 애교의 여왕이여,
　　　종부성사 후,
비옥한 풀밭과 만발한 꽃들 아래 해골들 틈에서
　　　곰팡이 슬 때.

오 나의 미녀여, 그 때 입맞춤으로 너를 먹어치우게 될
　　　벌레에게 말하시오,
내 일그러진 사랑의 형체와 신성한 정수(精髓)를
　　　내가 간직했다고!

심연 속에서 울다

나는 너의 동정을 간청한다. 내 마음이 빠져버린
컴컴한 구렁 깊은 데서부터 내가 유일하게 사랑하는 너.
그것은 끔찍함과 모독이 밤 속에 잠겨 있는,
납빛 지평선의 침울한 우주이고,

열기 없는 태양이 여섯 달 동안 그 위에서 떠돌고,
다른 여섯 달 동안 밤이 땅을 뒤덮으며,
극지방보다 더 헐벗은 땅이고,
짐승도 시냇물도 초목도 숲도 없다!

그런데 그 얼음장 같은 태양의 차가운 잔인함과
오랜 '혼돈'과 비슷한 그 어마어마한 밤을
능가하는 끔찍함은 이 세상에 없다.

나는 멍청한 잠 속에 빠질 수 있는
아주 비천한 동물들의 운명을 질투한다.
그 정도로 시간의 실타래가 천천히 감긴다!

뱀파이어

탄식하는 내 마음에
칼로 찌르듯 들어온 너,
포도주, 악령들 무리처럼 강하고
미친, 치장한 너,

모욕당한 내 정신을 가지고
네 침대와 네 영지를 만드는구나.
— 쇠사슬에 묶인 도형수처럼
나를 묶어놓는 자는 비열하도다.

고질적인 도박사가 도박에,
술꾼이 술병에,
썩은 고기가 벌레들에 묶여 있는 것처럼,
— 네게 저주가, 저주가 내리기를!

내 자유를 쟁취하라고 나는
빠른 검에게 부탁했고,
내 비겁함을 구제해달라고
해로운 독에게 말했다.

아아! 독과 검은
나를 무시하더니 말했다.
"멍청이! 너는 그 저주스런
노예상태로부터, 그 영향력으로부터

벗어날 자격이 없다.
우리의 노력이 너를 해방시킨다 할지라도,
네 입맞춤이 네 뱀파이어의 시체를
부활시킬 것이다!"

레테 강

나른한 분위기의 괴물, 열렬히 사랑 받는 호랑이,
잔인하고 귀먹은 영혼이여, 내 마음으로 오라.
나는 묵직한 네 갈기의 무성함 속에
내 떨리는 손가락들을 오래 집어넣고 싶구나.

네 향기로 가득한 네 속치마 속에
내 아픈 머리를 파묻고,
시든 꽃처럼, 죽은 내 사랑의
부드러운 악취를 호흡하고 싶구나.

나는 자고 싶다! 살기보다는 자고 싶다!
죽음처럼 의심쩍은 잠 속에서,
구리처럼 매끈한 네 아름다운 몸에
후회 없는 내 키스들을 늘어놓으리라.

진정된 내 흐느낌을 삼켜버리려면
네 잠자리의 깊은 구렁만한 것이 없다.
강력한 망각이 네 입에 거하고,
레테 강이 네 입맞춤 안에서 흐른다.

나는 이제 열락이 된 내 운명에,
숙명이 예정된 사람처럼 복종하리라.
열정이 극심한 고통을 들쑤시는
유순한 순교자, 무고하게 선고받은 자,

나는 내 원한을 수몰시키기 위해,
그 어떤 마음도 결코 가둬두지 않은
그 날카로운 젖가슴의 매력적인 젖꼭지에서
마법의 망각음료와 효능 좋은 독 당근을 빨아들이리라.

사후(死後)의 회한

어두컴컴한 미녀여, 네가 검은 대리석으로 지어진
기념물 깊숙한 데서 잠들게 될 때,
네게는 규방과 저택 대신 그저 비 내리는
지하 묘지와 푹 파인 묘혈밖에 없게 될 때,

매력적인 태평함으로 유연해진 네 허리와
네 소심한 가슴을 돌이 억압하며
네 심장이 박동하는 것을 막고, 네 발이
모험적인 경주를 하려는 것을 막으려 할 때,

내 무한한 꿈을 다 알고 있는 무덤은
— 왜냐하면 무덤은 시인을 늘 이해할 테니까. —
수면이 추방당한 기나긴 밤들 동안,

네게 말할 것이다. "죽은 자들이 한탄하는 것을
몰랐던들 뭔 소용인가, 불완전한 창녀여?"
— 벌레가 후회처럼 네 피부를 갉아먹을 텐데.

고양이 (사랑에 빠진 내 마음으로 오렴…)

사랑에 빠진 내 마음으로 오렴, 아름다운 고양이야,
　　　네 발의 발톱들을 붙잡아두고,
금속과 마노가 뒤섞인 네 아름다운 눈 속에
　　　내가 빠져 있게 놔두렴.

네 머리와 유연한 등을 내 손가락들이
　　　한가로이 어루만지고
전류 같은 네 몸을 내 손이 만져보는
　　　즐거움에 취할 때면,

사랑스런 짐승아, 머릿속에 내 여인이 보이는구나.
　　　너의 시선처럼 깊고 차가운
그녀의 시선이 투창처럼 베고 가른다.

머리부터 발끝까지 미묘한 분위기,
　　　위험한 향기가
그녀의 갈색 몸 주위에서 너울거린다.

발코니

추억들의 어머니, 주부들 중의 주부,
오 너, 내 모든 쾌락, 오 너, 내 모든 의무들!
너는 애무의 아름다움, 가정의 부드러움,
저녁의 매력을 떠올리게 될 것이다,
추억들의 어머니, 주부들 중의 주부여!

석탄의 열기로 환해지고,
분홍빛 안개가 드리워진 발코니에서의 저녁들!
내게는 네 가슴이 어찌나 부드럽고, 네 마음이 어찌나 선량하
던지!
우리는 불멸의 것에 관해 자주 얘기했었지,
석탄의 열기로 환해진 저녁에.

뜨거운 저녁에는 태양이 어찌나 아름다운지!
공간은 어찌나 깊고, 마음은 어찌나 아름다운지!
열렬히 사랑받는 여인들의 여왕, 네게로 몸을 기울이면,
나는 네 피의 향기를 들이마시는 것만 같았다.
뜨거운 저녁에는 태양이 어찌나 아름다운지!

밤은 격막처럼 두꺼워져갔고,
내 눈은 어둠 속에서 네 눈동자를 분간하였고,
네 숨결을 마시곤 했다, 오 부드러움, 오 독!
너의 발은 내 우정 어린 손에서 잠들었고,
밤은 격막처럼 두꺼워져갔다.

나는 행복한 순간들을 회상하는 기술을 알고 있고,
네 무릎 속에 웅크린 내 과거를 다시 보았다.
왜냐하면 네 소중한 몸이나 그토록 부드러운 네 마음이 아닌
다른 데서
네 초췌한 아름다움들을 찾으려 한들 무슨 소용이겠는가?
나는 행복한 순간들을 회상하는 기술을 알고 있다!

태양이 깊은 바다 깊숙한 곳에 매어진 후
다시 젊어져서 하늘로 올라가는 것처럼,
그 맹세들, 그 향기들, 그 끝없는 입맞춤들은
우리가 측량할 수 없는 깊은 구렁으로부터 다시 태어날 것인가!
— 오 맹세들! 오 향기들! 오 끝없는 입맞춤들!

온통 다

'악령'이 높이 있는 내 방으로
오늘 아침 나를 보러 와서는,
나를 현행범으로 몰아붙이려 애쓰며
말했다. "정말 알고 싶구나,

그녀의 매력을 형성하는
모든 아름다운 것들 중에서,
그녀의 매혹적인 몸을 구성하는
검거나 분홍빛인 사물들 중에서,

어느 것이 가장 부드러운지."
— 오 내 영혼! 너는 그 '가증스런 자'에게 대답했다.
"그녀에게 있는 것은 모두가 위안이므로,
그 어느 것을 더 좋아할 수는 없습니다.

모든 것이 나를 황홀케 할 때면, 무언가가
나를 유혹하는 건지 아닌지 나는 모릅니다.
그녀가 '오로라'처럼 눈부시고,
'밤'처럼 위로해주며,

그녀의 아름다운 몸 전체를 관장하는
조화로움이 너무 그윽하여,
무능한 자는 그 수많은 화음을
음계로 분석해내지 못한답니다.

내 모든 감각들이
하나로 녹아드는 오 신비한 변신!
그녀의 목소리가 향기를 만드는 것처럼,
그녀의 입김이 음악을 만듭니다!"

너무 명랑한 여인에게

너의 머리, 너의 동작, 너의 분위기는
아름다운 풍경처럼 아름답고,
네 웃음은 청명한 하늘의 신선한 바람처럼
네 얼굴에서 장난친다.

네가 스치는 우울한 행인은
너의 팔과 어깨에서
빛처럼 솟구치는
건강에 눈부셔한다.

네가 몸치장에 흩뿌려놓은
요란한 색깔들이
시인들의 정신 속에
꽃들의 발레라는 이미지를 던져놓는다.

그 정신없는 드레스들은
너의 얼룩덜룩한 정신의 상징인데,
내가 홀딱 반해버린 미치광이 여인이여,
나는 너를 사랑하며 그만큼 증오한다!

내 무기력을 질질 끌고 다니던
아름다운 정원에서,
나는 가끔씩 운명의 장난처럼,
태양이 내 가슴을 찢어놓는 것을 느꼈고,

봄과 신록이 내 마음을
너무 모욕했기에
나는 자연의 건방짐을
어느 꽃에게 벌하였다.

그렇게 나는 어느 밤에
쾌락의 시간이 울릴 때면,
비겁자처럼 네 몸의 보물들을 향해
소리 없이 기어오르고 싶다.

즐거워하는 네 몸을 벌주기 위해,
용서받은 네 가슴을 상처 주고,
놀란 네 옆구리에
넓고 푹 파인 상처를 주기 위해,

그런데 어지러운 부드러움이여!
더욱 찬란하고 아름다운 새 입술을 통해

너에게 나의 독을 주입시키기 위해,
내 누이여!

고백

사랑스럽고 부드러운 여인이여, 한번, 단 한번,
　　당신의 공손한 팔이 내 팔에
기대었소. (그 추억은 내 영혼의 어두운 밑바닥에서
　　조금도 희미해지지 않았다.)

늦은 시간이었다. 보름달이 새로운 메달처럼
　　한껏 뽐내고 있었고,
잠자는 파리 위로, 밤의 웅장함이 강처럼
　　흐르고 있었다.

고양이들이 죽 이어진 집들을 따라가며 귀를 쫑긋하고서
　　대문 아래로 슬그머니
지나가거나, 또는 친애하는 그림자처럼 천천히
　　우리를 따라다녔다.

희미한 빛에 만개하는 허물없는 친밀감
　　한가운데서 갑자기,
빛나는 명랑함만이 진동하는 풍요롭고 낭랑한
　　악기인 당신으로부터,

눈부신 아침의 팡파르처럼 환하고 즐거운
　　　당신으로부터
구슬픈 곡조, 이상한 곡조가 몹시 휘청거리며
　　　새어나왔다,

가족도 부끄러워하며 세상에 감추기 위해
　　　남몰래 지하실에
오래 놔둘 만큼 허약하고 끔찍하고 어둡고
　　　흉한 아이처럼!

불쌍한 천사, 그녀는 당신의 아우성치는 노래를 불렀다.
　　　"이 땅의 그 무엇도 확실치 않고,
아무리 정성스레 분칠을 해도, 인간의 이기주의는 언제나
　　　드러나고야 만다네!

아름다운 여인으로 산다는 것은
　　　어찌나 힘든 일인지,
기계적인 미소를 띤 채 기절하는 광적이고 냉정한
　　　무희의 평범한 일상이네!

마음 위에 세우는 것은 어리석다네. 죄다 우지끈 한다네.
　　　사랑도 아름다움도,

망각이 그것들을 '영원'에 돌려주려고 연도(煙道)에
　　던져버릴 때까지!"

나는 자주 회상했다, 그 황홀한 달,
　　그 침묵과 침체,
그리고 마음의 고해소에서 속삭인
　　그 끔찍한 비밀을.

향수병

온통 다공의 물질로 된 강력한 향수들이 있다.
그런 향수들은 유리를 투과하는 것만 같다.
자물쇠가 삐거덕하고 낯을 찌푸리며 소리쳐대는,
동양으로부터 온 어느 상자를 열거나,

사람 없는 어느 집에서 세월의 신산한 냄새가
잔뜩 배고 먼지가 뽀얗고 시커먼 장롱을 열면,
낡은 향수병을 발견하면 이내 회상에 빠지고
한 영혼이 되살아나 힘차게 솟아나온다.

숱한 생각들이 너의 짙은 암흑 속에서
음산한 번데기들처럼 부드럽게 떨며 잠자다가
날개를 펴서 도약을 하는데,
쪽빛에 물들고 분홍빛으로 반짝이며 금빛으로 물들어 있다.

그것이 혼탁한 공기 속에서 파닥거리는 취한 추억인데,
두 눈을 감아버리자,
'현기증'이 패배한 영혼을 붙잡아서
인간의 독으로 뿌연 구렁텅이를 향해 두 손으로 밀어버린다.

매우 오래된 그 구렁텅이 가장자리에서,
현기증은 영혼을 때려눕히고, 냄새나는 '나사로'*는 수의를 찢고,
그가 깨어나자 산패하고 매력적이며 음울한 사랑의
유령 같은 시체가 움직인다.

그렇게 내가 인간들의 기억 속에,
을씨년스런 장롱 구석에서 헤매게 될 때,
유감스럽고 낡고 먼지투성이에 더럽고 비천하고
메스껍고 금이 간 오래 된 향수병인 내가 버려졌을 때,

나는 너의 관이 될 것이다, 사랑스런 악취여!
너의 힘과 네 유독성의 증거,
천사들이 준비한 소중한 독! 나를 갉아먹는 액체,
오 내 마음의 삶과 죽음이여!

---

* 신약성서에서 요한복음 11장에 나오는 인물. 죽어서 4일 전부터 무덤에 있던
터에 예수의 명령에 다시 살아나 무덤에서 나온다.

독

포도주는 가장 불결한 누옥(陋屋)도 기적적인
　　호사스러움을 띠게 할 줄 알며,
그 붉은 향기의 황금 속에서 기막힌 주랑을 하나 이상
　　생겨나게 하는데,
마치 구름 낀 하늘에서 지고 있는 해 같다.

아편은 경계가 없는 것을 커지게 하고,
　　무한한 것을 길어지게 하고,
시간을 깊어지게 하고, 관능을 파고들며,
　　시커멓고 음울한 쾌락들로
자기 능력 밖에 있는 영혼을 채운다.

그 모든 것은 네 눈에서, 네 초록빛 눈에서 흘러나오는
　　독보다 못하다.
내 영혼이 떨고 있고 거꾸로 보이는 호수들…
　　내 꿈들이 떼로 몰려와
그 쓰디쓴 구렁텅이에서 목을 축인다.

그 모든 것이, 내 영혼을 회한 없는 망각에 빠지게 하고,

현기증을 실어서
기운 없는 영혼을 죽음의 연안으로
　　구르게 하고 물어뜯는
네 타액의 그 끔찍한 경이로움만 못하다.

고양이 (강하고 부드러우며…)

I

강하고 부드러우며 매력적인 아름다운 고양이가
마치 아파트 안을 돌아다니듯
나의 뇌 속에서 돌아다니는데,
그 고양이가 야옹대는 소리 겨우 들릴락 말락 한다.

그 정도로 음색이 부드럽고 조심스럽지만,
목소리는 누그러지기도 하고 으르렁대기도 하는데,
언제나 풍부하고 깊다.
그것이 고양이의 매력이고 비밀이다.

나의 가장 어두운 깊은 속에서
그 목소리가 방울지고 여과되어
운율적인 시처럼 나를 채우고,
묘약처럼 나를 즐겁게 한다.

그 목소리는 몹시 잔인한 아픔도 잠재우고,
온갖 황홀경을 죄다 담고 있다.

그 목소리는 아주 긴 문장을 말하기 위한
단어들을 필요로 하지 않는다.

완벽한 악기처럼
내 마음에 파고들어서,
신비스런 고양이, 천사 같은 고양이,
이상한 고양이,

자신의 현(絃)을
네 목소리보다 더 떨리게
더 호화롭게 노래하게 만드는
활은 없다. 단연코.

II

황금빛과 갈색이 섞인 고양이털에서
너무도 달콤한 향기가 흘러나와서,
어느 저녁 한 번, 단 한 번 쓰다듬었는데,
나는 이로 인해 향기에 감싸였다.

고양이는 이곳의 친숙한 수호신이어서,

자신의 제국에서 판단하고 주재하고,
모든 것에 영감을 주고 있으니,
어쩌면 요정일까, 신일까?

내 눈이 마치 자석에게 끌리듯 그렇게 끌려서,
내가 사랑하는 고양이에게로
고분고분 되돌아갈 때,
나 자신의 속을 들여다볼 때면,

밝은 전조등, 살아 있는 오팔들 같고,
나를 뚫어져라 응시하는
그 창백한 눈동자의 불을
나는 놀라워하며 본다.

아름다운 선박

오 나른하고 매혹적인 여인이여, 네 젊음을 장식하는
그 다양한 아름다움을 나는 네게 들려주고 싶고,
　　어린이다움이 성숙함과 조화를 이루는
너의 아름다움을 네게 그려 보이고 싶구나.

네가 넓은 치마로 공기를 쓸며 갈 때면 너는,
피륙을 싣고 난바다로 나가서
　　부드럽고 완만하며 느린 박자에 맞춰 굴러가는
아름다운 선박 같은 인상을 준다.

너의 넓고 둥근 목 위에서, 너의 기름진 어깨 위에서
네 머리는 이상한 매력을 풍기며 으스대고,
　　온화하면서도 의기양양하게,
당당한 아이처럼 네 길을 가는구나.

오 나른하고 매혹적인 여인이여, 너의 젊음을 장식하는
그 다양한 아름다움을 네게 들려주고 싶고,
　　어린이다움이 성숙함과 조화를 이루는
너의 아름다움을 네게 그려 보이고 싶구나.

물결무늬 천을 밀치며 앞으로 튀어나오는 네 가슴,
의기양양한 네 가슴은,
    방패처럼 불룩 나온 밝은 판들이
번개들을 잡아채는 아름다운 장롱이며,

분홍빛 창끝으로 무장된 도발적인 방패!
뇌들과 심장들을 열광케 할 만한 좋은 것들,
    포도주, 향수, 술이 가득하고,
달콤한 비밀이 곁들여 있는 장롱!

네가 넓은 치마로 공기를 쓸며 갈 때면,
너는 피륙을 싣고 난바다로 나가서
    부드럽고 완만하며 느린 박자에 맞춰 굴러가는
아름다운 선박 같은 인상을 준다.

치마 밑단들을 쫓아내고 있는 네 고상한 다리는,
깊은 단지 속의 검은 묘약을 휘젓고 있는
    두 명의 마녀처럼
어두운 욕망들을 괴롭히고 자극한다.

조숙한 헤라클레스를 쥐락펴락할 만한 너의 팔은
네 마음속에 그를, 네 연인을 새겨놓기라도 하려는 듯,

완강히 조이기 위해 만들어진,
번쩍이는 왕뱀들의 억센 경쟁자들이다.

너의 넓고 둥근 목 위에서, 너의 기름진 어깨 위에서
네 머리는 이상한 매력을 풍기며 으스대고,
  온화하면서도 의기양양하게
당당한 아이처럼 네 길을 가는구나.

돌이킬 수 없는 것

I

떡갈나무의 애벌레처럼 살아 움직이고
     꿈틀거리고,
죽은 자들의 애벌레처럼 우리를
     양분으로 삼는
그 오래된 긴 '회한'을 우리는 억누를 수 있을까?

어느 묘약 속에, 어느 포도주 속에, 어느 탕약 속에
     창녀처럼 파괴적이고
탐욕스러우며, 개미처럼 끈질긴 그 숙적(宿敵)을
     빠뜨릴 것인가?
어느 묘약 속에? ─ 어느 포도주 속에? ─ 어느 탕약 속에?

말하라, 아름다운 마녀여, 오! 네가 알고 있다면,
     불안이 절정에 달하여,
부상자들에 짓눌리고 말발굽에 타박상 입는
     죽어가는 자와 비슷한
그 정신에게 말하라, 아름다운 마녀여, 오! 네가 알고 있다면,

늑대가 벌써 냄새를 맡고, 까마귀가 살피고 있는
　　　그 죽어가는 자에게,
그가 자신의 십자가와 자신의 무덤을 포기해야 한다면,
　　　그 낙심한 그 병사에게,
늑대가 벌써 냄새를 맡고 있는 그 불쌍한 죽어가는 자에게!

질퍽하고 시커먼 하늘이 환히 밝혀질 수 있을까?
　　　아침도 없고 저녁도 없고,
별들도 없고, 죽음의 번득이는 빛도 없이
　　　송진보다 더 진한
암흑이 찢겨질 수가 있을까?

'여인숙'의 포석에서 반짝이는 '희망'이
　　　더럽히고, 영원히 죽었다!
달도 없고 빛줄기도 없는데, 험난한 길의 순교자들이 묵을 곳을
　　　어디서 찾는단 말인가!
'악마'가 '여인숙'의 포석에서 모든 것을 꺼버렸다!

사랑스런 마녀여, 너는 영벌을 받은 자들을 사랑하는 거니!
　　　말해보련, 용서할 수 없는 자를 아는지?
우리의 마음을 표적으로 삼는 독설에 찬 '회한'을
　　　너는 아니?

사랑스런 마녀여, 너는 영벌을 받은 자들을 사랑하는 거니?

돌이킬 수 없는 자가 자신의 저주받은 이빨로 초라한 기념물인
    우리의 영혼을 갉아대며,
그리고 종종 흰 개미처럼 건물의 기반을 통해
    공격해댄다.
돌이킬 수 없는 자는 자신의 저주받은 이빨로 갉아댄다!

II

잘 울려대는 오케스트라가 불타오르게 하던 평범한 극장
    깊숙한 데서 때때로,
나는 지옥 같은 하늘에서 기적 같은 오로라에
    불을 켜는 요정을 보았고,
그 평범한 극장 깊숙한 데서 때때로,

나는 빛, 금, 얇은 천일 뿐인 존재가 거대한 '사탄'을
    때려눕히는 것을 보았지만,
황홀경이 결코 들어서지 않는 내 마음은 언제나,
    언제나 헛되이
기다리기만 하는 극장이구나, 얇은 천 날개의 '존재'여!

한담

당신은 청명한 분홍빛의 화창한 가을 하늘!
그러나 내 안의 슬픔은 바다처럼 차오르다가
물러가면서 내 침울한 입술에
씁쓸한 진흙의 쓰라린 추억을 남긴다.

— 네 손은 몽롱해지는 내 가슴 위로 헛되이 미끄러지고,
그 손이 찾으려 하는 것은, 친구여,
여인의 발톱과 잔악한 이빨로 약탈당한 장소다.
내 마음을 더 이상 찾지 마라, 짐승들이 먹어치웠으니까.

내 마음은 군중에 의해 바래버린 궁궐이고, 거기서
사람들은 얼근히 취하고, 서로 죽이고, 서로 머리채를 붙잡는다.
— 당신의 드러난 가슴 주위로 향기가 떠도는구나!…

영혼들의 혹독한 재앙인 오 미녀여! 넌 그것을 원하는구나!
축제처럼 번쩍이는 불같은 네 눈으로!
짐승들이 봐주느라 놔둔 그 누더기들을 태워버려라!

에오통티모루메노스*

J. G. F.**에게

나는 분노 없이, 미움도 없이
너를 때릴 것이다, 푸주한처럼!
바위산 모세처럼,
나의 사하라에 물을 대기 위해,

너의 눈꺼풀로
고통의 물을 솟아나게 하고,
기대로 부푼 내 욕망은
먼 바다로 나가는 선박처럼,

너의 짠 눈물 위에 떠다니고,

---

* 그리스어로서 "자기 자신의 사형집행인"이라는 뜻. 베르베르족 출신이며, 고대
로마의 희극작가였던 푸블리우스 테렌티우스 아페르(기원전 185년에서 190년 사
이에 태어나 기원전 159년에 사망)의 희곡 제목에서 따온 것임. 보들레르 자신의 고
독감과 마조히스트적인 괴로움을 표현한 시이다.

** 이 이니셜은 보들레르가 〈인공적인 낙원들 Paradis artificiels〉에서도 썼는데,
누구인지 밝히지 않았으며 대중이 모르는 채로 남아 있게 해두고 싶다고 저자
가 말했다.

그 눈물이 취하게 만들 내 마음에서
너의 소중한 흐느낌은
돌격을 알리는 북처럼 울려 퍼지리라!

나를 흔들어대고 나를 물어뜯는
게걸스런 '아이러니' 덕분에,
나는 그 굉장한 심포니 속에서
잘못된 화음이 아닐까?

그 시끄러운 여인이 내 목소리 속에 있다!
그것은 내 모든 피, 시커먼 독!
나는 메가이라*가 제 모습을 들여다보는
음산한 거울이다.

나는 상처이자 칼이다!
나는 풀무이자 뺨이다!
나는 사지(四肢)이자 바퀴다!
나는 희생자이자 형리이다!

나는 내 마음의 뱀파이어이고,

———

* 그리스 신화에 나오는 인물로, 복수의 여신들 중 하나.

— 영원히 웃는 형벌을 받아서
미소는 더 이상 지을 수 없는,
완전히 버려진 자들 중 하나다!

크레올 부인에게

태양이 애무하는 향기로운 나라에서,
저마다의 눈에 게으름이 비 오듯 쏟아지는.
검붉은 나무들과 종려나무들의 닫집 아래서,
나는 미지의 매력을 풍기는 크레올 부인을 알게 되었다.

그 황홀한 갈색 여인의 피부는 창백하고 따뜻하며,
목덜미는 고상하게 기교적인 분위기를 띠며,
큰 키에 날렵한 거동은 사냥하는 여인과도 같으며,
미소는 평온하고, 눈은 확신에 차 있다.

부인, 당신은 진정한 영광의 나라로,
세느강변이나 푸르른 루아르강변으로 간다면,
오랜 영지들을 빛나게 할 미녀,

당신은 그늘진 피신처에서, 그 커다란 눈으로
시인을 흑인노예보다 더 순종적이 되게 하여
시인들의 마음속에 숱한 소네트를 싹트게 할 겁니다.

고양이들

열렬한 연인들과 준엄한 학자들은
성숙한 시기에 도달하면,
자기들처럼 추위를 타고 자기들처럼 틀어박히는,
강하고 부드러운 고양이들도 좋아한다.

학식과 관능을 좋아하는 그들은
암흑의 침묵과 공포를 추구하므로,
자신의 긍지를 예속에 기울게 할 수 있다면,
에레보스*가 그들을 죽음의 사자(使者)들로 여겼을 것이다.

그들은 꿈꿀 때도 끝없는 꿈에 빠져 자는 듯,
고독의 저 밑바닥에서 누워 있는
거대한 스핑크스들의 고귀한 태도를 취한다.

번식력 강한 허리에는 마법의 섬광과 금 편린들로 가득하며,
자신들의 신비로운 눈동자들을
고운 모래처럼 희미하게 총총히 빛나게 한다.

---

* '혼돈'에서 태어난 아들로서, 태초부터 있던 신들 중 하나. 그리스어 '에레보스'
는 '깊은 어둠', 즉 '암흑'을 뜻한다.

금이 간 종

안개 속에서 노래하는 자명종 소리에
서서히 올라가는 먼 추억들을,
파닥거리며 연기를 뿜는 불 가까이서
겨울 밤 동안 듣는 일은 씁쓸하고도 달콤하다.

텐트 아래서 보초 서는 늙은 병사처럼,
연로함에도 민첩하고 튼튼하여
신심 깊은 외침을 충실히 내지르는
기운찬 목청의 종은 행복하도다!

나, 나의 영혼은 금이 가서, 권태에 빠져
그 밤들의 차가운 대기를 자신의 노래로
채우려 할 때면, 그 영혼의 약해진 목소리는,

죽은 자들이 잔뜩 쌓인 피의 호수 가장자리에 있으나 잊히고,
어마어마한 노력 속에도 움직이지 못하고 죽는
어느 부상자의 거친 숨결과도 같은 적이 종종 있다.

애수

LXXV

차가운 암흑을 향해 콸콸 흐르는 항아리부터
이웃 묘지의 창백한 주민들까지
인생 전반에 대해, 그리고 안개 낀 근교 마을들의
사망률에 대해 짜증이 나는 우월(雨月)*.

포석 위의 내 고양이는 배설용 모래를 찾으면서
그 야위고 옴에 걸린 몸을 쉬지 않고 움직이고,
늙은 시인의 영혼은 위축된 유령처럼
처량한 목소리로 빗물받이 홈통 속에서 헤맨다.

뒝벌은 탄식하고, 연기에 싸인 장작은
감기 걸린 추를 가성으로 반주하는데,
늙은 수종환자의 어쩔 수 없는 유산인

더러운 향들로 가득한 도박에서

---

* 프랑스대혁명 이후 공화력의 5월로서, 서기 1월 20[21]일 – 2월 19[20]일에
해당한다.

하트의 잭과 스페이드의 퀸이 자신들의
죽은 사랑들에 관해 침울하게 담소한다.

LXXVI

1천 년을 산 것보다도 더 많은 추억이 내게 있다.

시, 연애편지, 소송서류, 애가, 대차대조표들이
영수증들 속에 말린 무거운 머리카락들과 함께
어지러이 들어있는 서랍들이 딸린 커다란 가구는
내 처량한 뇌보다 비밀을 적게 감추고 있다.
내 뇌는 공동묘지보다 더 많은 죽음을 담고 있는
거대한 지하묘소이고, 피라미드이다.
— 나는 달이 몹시 미워하는 묘지이고, 거기서는
내게 가장 소중한 죽은 자들에 언제나 열중하는
긴 시들이 회한처럼 질질 끌린다.
나는 시든 장미들이 가득한 낡은 규방이며, 거기에는
시대에 뒤진 유행들이 온통 뒤죽박죽 들어있고,
탄식하는 파스텔들과 부셰*의 창백한 그림들만

---

* 프랑수아 부셰(François Boucher, 1703-1770). 온갖 장르의 그림을 그린 로코코
양식의 프랑스 화가. 루이 15세와 퐁파두르 후작부인의 초상화도 다수 그렸다.

마개 없는 향수병의 향기를 맡고 있다.

눈이 많은 해(年)의 무거운 눈송이들 아래서
침울하게 호기심도 없는 날의 열매인 권태가
불멸이라는 규모에 달할 때, 길이에 있어서는
불안정한 날만큼 긴 것은 아무것도 없다.
— 오 살아 있는 물질이여! 이제 너는
안개 낀 사하라의 깊숙한 곳에서 졸고 있는,
희미한 공포에 둘러싸인 화강암일 뿐!
태평한 세상에 의해 무시되고, 지도에서도 잊혔으며,
야생의 기질로 인해 지는 햇빛을 받을 때만 노래하는
늙은 스핑크스다.

LXXVII

나는 비 많은 나라의 왕과도 같다.
부유하지만 무능하고, 젊으면서도 아주 늙어 보이고,
굽히는 것을 경멸하는 선생들에 대해 지겨워하고
자기 개들이나 다른 짐승들과 있어도 지루해하는 왕.
그 무엇도, 사냥거리도, 매도,
발코니 바로 앞에서 죽어가는 백성도 그를 흥겹게 할 수가 없고,

총애 받는 광대의 기괴한 춤도

그 잔악한 환자의 얼굴을 더 이상 펴주지 못하며,

백합이 장식된 침대는 무덤으로 변하고,

왕족이면 다 잘생기게 보는 시중드는 여인들은

그 젊은 뼈다귀로부터 미소를 끌어내기 위해서는

어떤 야한 치장을 해야 할지 더 이상 알지 못한다.

그에게 금을 만들어주었던 학자도

그 존재로부터 부패한 요소를 뽑아낼 수가 없었고,

세도가들이 자신들의 옛날을 회상할 때 떠올리는,

로마인들로부터 전해져온 그 살육들 속에서도,

피 대신 레테 강의 초록빛 물이 흐르는

그 얼빠진 시체를 다시 더워지게 할 수 없었다.

LXXVIII

긴 권태에 사로잡힌 그 신음하는 정신 위에

낮고 무거운 하늘이 뚜껑처럼 무겁게 내리고,

그 둥근 원을 온통 껴안는 지평선으로부터

밤들보다 더 구슬픈 깜깜한 날이 우리에게 쏟아질 때,

땅은 축축한 지하 감옥으로 변하고,

거기서 '소망'이 박쥐처럼
소심한 날개로 벽들을 치고,
썩은 천장들에 머리를 부딪치며 가버릴 때

비가 거대한 띠 모양을 펼치면서
광대한 감옥의 창살들을 흉내 내고,
고약한 거미들이 말없이 잔뜩 와서
우리의 뇌 깊숙한 곳에 거미줄을 칠 때,

종들이 갑자기 격렬하게 튀어 오르며
하늘을 향해 무시무시한 울부짖음을 내지르자,
마치 조국도 없이 방황하며 고집스레
징징거리기 시작하는 혼백들 같다.

— 그리고 북도 없고 음악도 없는 긴 영구차들이
내 영혼 속에서 열을 지어 천천히 지나가고,
'희망'은 패배하여 울고, 잔혹한 '불안'은 폭군이 되어
기울어진 내 두개골에 자신의 검은 깃발을 꽂는다.

안개와 비

오 가을의 끝 무렵, 겨울, 진창으로 푹 잠긴 봄,
지루한 계절들! 나는 너희들을 좋아하고,
내 마음과 내 뇌를 그렇게 뿌연 염포와
어렴풋한 무덤으로 감싸는 너희들을 칭찬한다.

차가운 남서풍이 장난치고, 긴긴 밤에
바람개비가 목이 쉬는 그 너른 평원에서,
내 영혼은 까마귀 같은 날개를
미지근한 새 봄철보다 더 활짝 펼치리라.

오래 전부터 냉랭하고 짙은 안개가 내리고,
침울한 것들로 가득한 내 마음에서,
오 우리 기후의 여왕들인 희끄무레한 계절들이여!

너희의 그 파리한 암흑의 한결같은 모습보다
더 달콤한 것은 없다. — 달 없는 어느 저녁에
둘이서 모험하는 침대에서 괴로움을 잠재우는 거라면 모를까.

고치지 못하는 것

창공에서 출발하여
'하늘'의 그 어떤 눈도 침투 못하는
질퍽한 납빛의 스틱스 같은 강으로 떨어진
하나의 '관념', 하나의 '형태', 하나의 '존재',

어마어마한 악몽 속에서
기형의 사랑이 유혹을 했던
조심성 없는 여행자인 어느 '천사',
헤엄치는 자처럼 발버둥 치고,

불길한 불안!
미치광이들처럼 노래하며
암흑 속에서 빙빙 돌며 가는
거대한 소용돌이에 맞서 싸운다.

파충류가 득실대는 장소로부터 도망치려고
쓸데없이 더듬거리며

빛과 열쇠를 찾고 있는
불행한 남자,

끈적끈적한 괴물들이 지키고 있고,
그들의 넓은 형광빛 눈은
밤을 훨씬 더 시커멓게 만들고
오로지 그들만 보이게 하며,

축축한 깊이를 드러내주는 냄새가 진동하고
난간도 없는 끝없는 계단들이 이어지는
구렁 가장자리로 등잔도 없이
내려오는 영벌 받은 자,

수정으로 된 함정에 빠지듯
극지방에 붙잡혀 있는 선박이
어느 불운한 해협을 통해
그 감옥으로 왔는지 알려 애쓴다.

— 돌이킬 수 없는 운명의
완벽한 그림인 선명한 문장(紋章)들은
'악마'가 자기 일을 늘 잘해내고 있다는
생각을 하게 만든다!

II

어둡고도 투명한 대면,
거울이 되어버린 마음,
밝고 시커먼 '진실'의 우물에서
납빛 별 하나가 떨고 있는데,

냉소적인, 지옥 같은 등불,
악마 같은 매력의 횃불,
유일한 위로와 영광,
— '악' 속의 의식(意識)!

어느 붉은 머리의 거지에게

붉은 머리의 백인 여자애야,
너의 드레스가 구멍들을 통해
가난과 미모를
  엿보게 하는구나.

초라한 시인인 내가 보기엔,
붉은 반점이 가득한
너의 병약한 젊은 몸이
  나름의 부드러움을 갖고 있다.

너는 벨벳 반장화의 소설 속 여왕보다
더욱 세련되게
무거운 나막신을
  신고 있구나.

너무 짧은 누더기 대신에,
요란하고 긴 주름의
멋진 궁정 의상이
  네 뒤축에서 질질 끌리고,

구멍 뚫린 양말 대신에,
방탕한 자의 눈에는
네 다리에서 금 단검이
　　아직도 반짝이고,

제대로 매지 못한 끈들은
두 눈처럼 반짝이는
네 아름다운 가슴을
　　드러내며 우리를 죄로 이끄는구나.

옷을 벗기 위해서는
너 자신의 팔에 청하고
장난스런 공격에는
　　짓궂은 손가락들을 쫓아버리는구나.

가장 아름다운 물의 진주들,
감옥에 갇힌 네 애인들이
끊임없이 바치는
　　거장 벨로*의 소네트들,

---

* 레미 벨로(Rémy Belleau, 1528-1577). 프랑스 문예부흥 시대의 7성(星)시인 중
한 명.

서툰 시인들의 추종꾼들이
새로 지은 시들을 네게 바치고,
계단 아래서
　　네 신발을 응시하며,

우연에 사로잡힌 숱한 시동(侍童),
숱한 영주와 숱한 롱사르*가
기분전환을 위해
　　네 시원한 골방을 염탐할 것이다!

너는 네 침대에서
백합보다** 입맞춤을 더 많이 헤아리게 될 테고,
네 지배를 받을 발루아*** 남자가
　　한둘이 아닐 것이다!

— 그런데 너는 사거리에 있는

---

* 피에르 드 롱사르(Pierre de Ronsard, 1524~1585). 16세기 시인으로서 문예부흥 시기의 문인들 중 가장 중요한 인물이다.
** 프랑스 왕가를 상징하던 꽃이어서 프랑스 궁궐이나 성들에 백합 문양이 흔히 장식되어 있다.
*** Valois. 1328~1

어떤 베푸르*의 문턱에 누워 있는
어느 늙다리에게 가서
　　구걸을 하는구나.

오! 미안하지만! 너는
내가 너한테 선물해줄 수 없는
29푼짜리 보석을 음험하게
　　탐내며 가는구나.

그러니 가라, 너의 야윈 헐벗음 외에는
다른 장식이 없고,
향수도 진주도 다이아몬드도 없이,
　　오 나의 미녀여!

---

* '베푸르'는 비유적으로 쓰인 단어로서, 세련된 레스토랑을 가리킨다. 팔레 루
아얄의 회랑에 이 이름을 지닌 두 개의 레스토랑('큰 베푸르'와 '작은 베푸르')이 있
었는데, 지금은 '큰 베푸르(Grand Véfour)' 하나만 남아 있다. 18세기 말부터 있던
자리인 몽팡시에 회랑에 여전히 있다.

도박

빛바랜 안락의자에서 늙은 창녀들이
창백한 얼굴에 칠한 눈썹,
어리광부리는 비운의 눈으로 아양을 떨고,
야윈 귀로 돌과 금속이 찰랑대는 소리를 내고,

입술 없는 얼굴들의 녹색 양탄자 주위로,
색깔 없는 입술들, 이빨 없는 턱들,
지옥 같은 열로 경련하는 손가락들이
빈 호주머니나 팔딱거리는 가슴을 뒤지고,

더러운 천장 아래는 죽 늘어선 창백한 등불들,
피 같은 땀을 낭비하러 오는 혁혁한 시인들의
어두운 이마들에서는
빛을 투사하는 거대한 켕케 식 양등들,

— 바로 그것이 밤의 꿈속에서
내 명철한 눈 아래 펼쳐지는 검은 그림인데,
나 자신은 과묵한 소굴의 한 구석에서 팔꿈치를 괴고서,
냉정하게 말없이 부러워하고 있었다.

그 사람들의 집요한 열정,
그 늙은 매춘부들의 음산한 명랑함이 부러웠다.
모두가 내 면전에서 호기롭게 팔아먹고 있었다,
어떤 이는 자신의 낡은 명예를, 또 어떤 이는 자신의 미모를!

입을 크게 벌리고 있는 깊은 구렁으로 열렬히 달려가고,
자기 피에 취해서 결국 죽음보다는 괴로움을,
무(無)보다는 지옥을 선호할 불쌍한 남자를 많이 부러워하다가,
이내 내 마음은 자지러지고 말았다!

저녁의 땅거미

이제 죄인의 친구인 매력적인 저녁이다.
저녁은 공범처럼 슬며시 오고,
하늘은 큰 규방처럼 천천히 닫히며,
초조한 남자는 야수로 변한다.

오 저녁, 팔들이 거짓 없이 "오늘 우린 일을 했지!"라고
말할 수 있는 자가 원하는 사랑스런 저녁
— 야생적인 괴로움이 먹어치우는 정신들,
얼굴이 무거워지는 완고한 학자와
자기 침대로 다시 돌아오는
등 굽은 노동자를 진정시키는 것은 저녁.
그런데 대기 속에서 불건전한 영(靈)들이
사업가들처럼 무거운 몸으로 깨어나서 날아다니며
덧문들과 덧창들에 부딪친다.
바람이 고통을 주는 빛들 사이에서
'매춘'이 거리들에서 불 켜지고,
개미무리처럼 자신의 출구들을 열고,

조력(助力)을 시도해보는 적군처럼
그 어디서나 비밀스런 길을 개척하고,
'인간'에게서 먹을 것을 가로채는 벌레처럼
진흙창의 도시 한가운데서 휘젓고 다닌다.
여기저기서 부엌들이 획획 소리를 내고,
극장들이 날카로운 소리를 내고, 오케스트라가 코를 골며,
도박이 열락의 원천인 공동식탁들에는
방탕한 여자들과 사기꾼들과 그들의 공범들로 가득하고,
인정사정없고 중단도 없는 도둑들 또한
곧이어 자신들의 일을 시작하여,
며칠간 먹고 살기 위해 그리고 애인들을 입히기 위해
문들과 금고들에 부드럽게 힘을 가할 것이다.

그 엄숙한 순간에 묵상하라, 내 영혼아,
그리고 그 포효에 귀를 닫아라.
병자들의 괴로움이 격해지는 시간이다!
어두운 '밤'이 그들의 먹살을 잡고,
그들의 운명을 끝내고는 공동의 나락을 향해 가고,
병원은 그들의 한숨으로 가득해진다. ― 저녁에
향기로운 수프를 찾으러 난롯가로, 사랑하는 영혼에게로
더 이상 오지 못할 자가 한둘이 아닐 것이다.

아직도 대부분이 가정의 부드러움을
결코 알지 못했고, 결코 겪어보지 못했다!

유령

I

암흑

깊이를 측량할 길 없는 슬픔의 지하실,
'운명'이 벌써 나를 밀어 넣은 곳,
분홍빛 유쾌한 빛줄기는 결코 단 하나도 들어오지 않는 곳,
아아! 무뚝뚝한 여주인인 '밤'과 단 둘이 지내면서

암흑 위에 그림을 그리도록 조롱하는
어느 '신'의 처형을 받은 화가처럼 지내는 곳,
불길한 식욕의 요리사인 내가
내 심장을 끓이고 먹는 곳,

그곳에서 우아하고 찬란한 유령이
가끔씩 반짝이다가 길어지고 늘어진다.
동양적인 분위기를 띠며 꿈꾸는 여인에게,

그 유령이 본모습을 드러내면,
나는 내 아름다운 방문자를 알아본다.
바로 '그녀'다! 어둡지만 반짝이는.

II

향수

독자여, 당신은 가끔씩
교회를 채우는 미세한 향이나 찌든 사향주머니 향기를,
취기에 젖어 천천히 탐욕스럽게
들이마신 적이 있는가?

복원된 과거가 현재 속에서
우리를 도취시키는 깊고도 마술적인 매력!
연인은 그렇게 숭배하는 몸에서
추억의 매혹적인 꽃을 따낸다.

살아있는 향기주머니, 규방의 향로인
묵직하고 유연한 머리타래로부터
원시적이고 야수적인 향기가 올라왔다.

그녀의 순수한 젊음이 푹 배어든
모슬린이나 벨벳 옷에서
모피 향이 풍겨났다.

III

틀

그림이 아주 으스대는 붓으로 그려진다 해도,
아름다운 틀은 그림을 거대한 자연으로부터 격리시키면서
뭔지 알 수 없는 이상하고도 마력적인
뭔가를 그림에 더해준다.

그래서 보석들과 가구들과 금속들과 금박장식이
그림의 희귀한 아름다움에 정확히 맞춰졌고,
그 무엇도 그림의 완벽한 명료성을 흐리게 하지 않았으며,
모든 것이 그림에 테두리로 쓰이는 것 같았다.

모두가 그녀를 사랑한다고,
가끔씩 그녀가 그리 믿는 것 같았을지라도,
그녀는 실크와 크레이프의 입맞춤으로

자신의 아름다운 벗은 몸을 뒤덮었고,
느리건 급작스럽건 모든 동작에서
원숭이의 어린애 같은 매력을 보여주곤 했다.

IV

초상화

'질병'과 '죽음'은 모든 것의 재들로 불을 만들고,
그 불은 우리를 위해 타올랐다.
너무도 열렬하고 너무도 다정한 그 큰 눈,
내 마음이 푹 잠겨 있는 그 입,

꿀풀처럼 막강한 그 입맞춤들,
빛줄기보다 더 생기 넘치는 그 흥분들.
그것들로부터 무엇이 남을까? 끔찍하다, 오 내 영혼!
연필 세 개로 그린 몹시 창백한 데생 하나뿐,

나처럼 고독 속에서 죽는,
무례한 늙은이인 '시간'이
투박한 날개로 매일 문지르는 데생…

'인생'과 예술의 시커먼 살해자,
너는 내 쾌락과 영광이었던 여인을
내 기억 속에서 결코 죽이지 못하리라!

언제나 한결같이

헐벗고 시커먼 바위 위 바다처럼 차오르는 이 이상한 슬픔은
어디로부터 당신에게 오는 건가요?" 당신은 말하곤 했다.
― 우리의 마음이 일단 수확을 하고 나면, 삶은 고생이다!
이것은 모두가 아는 비밀,

아주 단순하여 신비롭지도 않은,
당신의 기쁨처럼 모두에게 생생한, 괴로움이다.
그러니 찾으려 들지 마시오, 호기심 많은 미녀여!
당신의 목소리가 아름답다 하더라도, 입을 다무시오!

입을 다무시오, 무지한 여인! 늘 홀려 있는 영혼이여!
아이 같은 웃음을 터뜨리는 입! '삶'보다 훨씬 더
'죽음'은 자주 교묘한 끈들을 통해 우리를 붙든다.

놔두시오, 내 마음이 거짓말에 취하게 놔두고,
아름다운 꿈 같은 당신의 아름다운 눈 속에 빠지도록 놔두고,
당신의 눈썹의 그늘에서 오래 졸고 있게 놔두시오!

가을 노래

우리는 곧 차가운 암흑 속으로 빠질 것이니,
안녕, 너무 짧았던 여름의 강렬한 밝음이여!
마당의 포석 위로 음산한 충격과 함께
나무가 요란스레 넘어지는 소리가 들리는구나.

나의 존재 속으로 겨울 내내 들어올 테지.
분노, 증오, 오한, 공포, 강요된 힘겨운 노고,
그리고 극지방에서 지옥을 겪는 태양처럼
내 마음은 얼어붙은 붉은 덩어리일 뿐일 것이다.

장작이 넘어질 때마다 나는 부르르 떨며 들어본다,
세워놓은 발판에는 더 어렴풋한 메아리가 없다.
내 정신은 지칠 줄 모르고 둔중한 양자리의
타격 아래서 무너지고 마는 탑과 같다.

그 단조로운 충격으로 흔들려서, 마치 어디선가
관 하나를 급히 못질하는 것처럼 느껴지는데

누구의 관? ― 어제는 여름이었는데, 이제는 가을이다!
그 알 수 없는 소리가 출발처럼 울려댄다.

II

당신의 그 긴 눈의 푸르스름한 빛, 그 부드러운 아름다움을
좋아하지만, 오늘 내게는 모든 것이 씁쓸하고,
아무것도, 당신의 사랑도, 규방도, 벽난로도,
바다에서 환히 빛나는 태양만 못합니다.

그럼에도 나를 사랑해주오, 다정한 마음이여!
어머니가 되시오, 심지어 배은망덕한 자에게도,
심지어 못된 자에게도, 연인이건 누이건 간에,
영화로운 가을이나 지는 해의 덧없는 부드러움이 되어주오.

짧은 과업! 무덤이 기다리고, 무덤은 탐욕스럽다!
아! 당신의 무릎에 대고 있는 내 얼굴이
타들어가는 하얀 여름을 아쉬워하면서
가을의 노랗고 부드러운 빛줄기를 맛보게 내버려두오!

오후의 노래

너의 못된 눈썹이
천사 같은 분위기가 아니라
이상한 분위기를 띨지라도,
유혹적인 눈의 마녀여,

너를 숭배한다,
오 나의 바람둥이, 나의 끔찍한 열정이여!
자기 우상을 향한
사제의 신앙과도 같은 마음으로.

사막과 숲이
너의 뻣뻣한 댕기머리를 향기롭게 하고,
너의 얼굴은
수수께끼와 비밀을 지닌 표정이다.

너의 살에서는
향로 주위처럼 향이 감돌고,
너는 저녁처럼
마법을 거는구나, 어둡고 따뜻한 님프여,

아! 가장 강력한 묘약도 너의
게으름만도 못하고,
너는 죽은 자들을 되살리는 애무를
알고 있구나!

너의 허리는
네 등과 네 가슴을 사랑하고,
너는 나른한 자세로
네 쿠션들을 황홀케 한다.

때때로 너는 알 수 없는 격분을
진정시키기 위해,
물어뜯기와 입맞춤을
진지하게 퍼붓는다.

갈색 여인이여,
너는 비웃음으로 나를 찢어놓고,
그런 다음 내 마음에
달처럼 부드러운 너의 눈을 둔다.

너의 비단 신발 밑에,
너의 매력적인 비단결 발의 밑에,

나, 나는
나의 큰 즐거움, 천재성, 운명을 둔다.

너에 의해, 빛과 색깔인 너에 의해
치유된 나의 영혼!
나의 검은 시베리아에는
열기의 폭발!

시시나

디아나가 애교스런 차림새로 머리와 가슴을 바람에 휘날리며,
화려한 소동에 취하고,
최고의 기사들에게 도전하면서
숲과 총림을 온통 휘젓고 다니는 상상을 해보라!

신발도 없는 백성을 공격하느라 흥분하여 뺨과 눈은 불타는 듯,
자신의 역할을 연기하며
검을 손에 쥐고서 왕궁 계단을 올라가는 살육의 연인,
테루아뉴*를 본 적 있습니까?

시시나처럼! 하지만 그 부드러운 여전사는
살상적인 만큼 자애롭기도 한 영혼이어서,
화약과 북소리에 열광하는 그녀의 용기는,

애원하는 자들 앞에서는 무기를 내려놓을 줄 알았고,
불길에 황폐해진 그녀의 마음은

---

* 안느 - 조제프 테루아뉴 드 메리쿠르(1762년 8월 13일 리에주 - 1817년 6월 22일 파리). 프랑스대혁명 때의 여성정치가. 프랑스대혁명의 사건들을 놓치지 않기 위해 베르사이유에 정착하여 의회에 열심히 드나들었으며, 나중에는 반혁명주의자들의 표적이 된다.

울어줄 만한 이들을 위한 눈물 저장고는 늘 갖고 있었다.

가을 소네트

수정처럼 맑은 너의 눈, 그 눈이 내게 말한다.
"이상한 연인이여, 너에게 나의 장점은 무엇이니?"
"매력적이기만 하면 돼, 그리고 입 다물어!"
고대 동물의 천진함 빼고는 모든 것에 화를 내는 내 마음은,

그 마음의 지옥 같은 비밀도, 불꽃 튀며 써내려간 어두운 전설도
너에게 보여주고 싶어 하지 않는다네,
나를 손으로 어르며 긴 잠으로 초대하는 여인이여,
나는 열정을 증오하고, 정신은 나를 아프게 한다네!

부드럽게 사랑하세. 파수막에서 사랑의 신이
암흑 속에 매복하여 숙명의 활을 당기고 있네.
그의 오래된 병기창의 화기들을 나는 알고 있네.

범죄, 공포, 광란! ─ 오 창백한 데이지 꽃!
오 나의 너무도 하얀, 오 나의 너무도 차가운 마르그리트,
너도 나처럼 가을 태양이지 않니?

무(無)에 대한 취향

예전에는 투쟁을 좋아하던 음울한 정신,
박차로 네 열기를 북돋우던 '희망'은
더 이상 네게 올라타려 하지 않는다!
장애를 만날 때마다 발에 부딪치는 늙은 말이여,
염치없이 누우라.

체념하라, 내 마음이여, 푹 잠들어라.

패배하여 기진맥진한 정신이여! 늙은 서리꾼, 너에게는
사랑이란 더 이상 아무 맛도 없고, 그저 언쟁만 있을 뿐,
그러니 안녕, 구리의 합창과 플루트의 한숨들이여!
쾌락들이여, 어둡고 뽀로통한 마음을 더 이상 유혹하지 마라!

근사한 '봄'이 자신의 향기를 잃어버렸다!

그리고 어마어마한 눈이 뻣뻣해진 몸을 삼켜버리듯,
'시간'이 매 순간 나를 삼키고,
누추한 집의 바람막이를 더 이상 찾지 않는다!
나는 둥근 모양의 지구를 저 위에서 주시하고 있는데,

눈사태야, 네가 떨어질 때 나도 데려가지 않으련?

괴로움의 연금술

하나는 열렬하게 너를 밝혀주고
네 안의 다른 하나는 애도를 하는구나, '자연'!
하나에게 말하는 것은, '묘소'!
다른 이에게 말하는 것은, '생명'과 광휘!

나를 보면 언제나 겁을 주는
미지의 헤르메스,
너는 나를 연금술사들 중
가장 슬픈 미다스로 만들어놓고,

너를 통해 나는 금을 철로,
천국을 지옥으로 바꿔놓으며,
구름들로 된 수의 속에서

소중한 시체를 발견하고,
천상의 기슭에다
커다란 석관들을 만들어놓는다.

시계

음산하고 무시무시하고 무감동한 신(神), 시계,
그의 손가락이 우리를 위협하며 말한다. "기억하라!"
공포가 가득한 네 마음속에서 떠는 '괴로움들'은
곧이어 과녁에서처럼 꽂히게 될 것이며,

희미한 '즐거움'은 복도 저 안쪽의 날씬한 요정처럼
지평선 쪽으로 달아날 것이고,
모든 인간에게 각자의 계절 내내 허용된
한 조각의 환희를 매 순간이 네게서 탕진해버린다.

1시간에 3천6백 번씩, '초'는 속삭인다.
"기억해!" ― 모기만한 소리로 빠르게
이제 이렇게 말한다. "나는 '예전'이야,
나의 추잡한 나팔로 너의 인생을 갈취했어!"

Remember! 기억하라, 낭비가여! *Esto memor!**
(내 금속 목구멍은 온갖 언어를 말한다.)

―――――
* 라틴어로 '기억하라'의 뜻.

까부는 소멸대상, 분(分)은
금을 빼내지 않고는 놔주지 말아야 할 맥석이다!

'시간은 속임수도 안 쓰면서 매번 따가는
탐욕스런 도박꾼임을 기억하라! 그것이 법이다.
낮은 줄어가고, 밤은 늘어난다, 기억하라!
구렁은 언제나 목마르고, 물시계는 비어간다.

때때로 신성한 '우연'이, 아직도 처녀인 네 아내가,
존엄한 '덕성'이, 심지어 '후회'(오! 마지막 여인숙!)가,
모든 것이 네게 말하리라.
"죽어라, 늙은 비겁자! 이젠 너무 늦었다!"

가면

르네상스 취향의 알레고리적 조각상
조각가 에르네스트 크리스토프에게,

피렌체의 멋이 흐르는 이 보물을 감상하자,
굽이치는 그 근육질 몸에
신성한 자매인 '우아미'와 '힘'이 풍성하다.
신성하게 튼튼하고, 사랑스럽게 날씬하며,
진정으로 기적과도 같은 작품인 그 여인은
호사스런 침대에서 군림하고
고위성직자나 왕족의 여가를 황홀케 하기 위해 있다.

── 그리고 '거드름'이 황홀경에 빠져 드러나 있는
그 교활하고 관능적인 미소,
음흉하고 초췌하며 빈정거리는 긴 시선,
얇은 베일로 완전히 감싼 그 귀염둥이 얼굴을 보라.
그 얼굴의 선마다 승리에 찬 분위기로 우리에게 말한다.
"'관능'이 나를 부르고, '사랑'이 내게 왕관을 씌우는구나!"
그토록 위풍당당한 그 존재에게
상냥함이 어떤 자극적인 매력을 주는지 보아라!

다가가서, 그녀의 아름다움 주위로 돌아보자.

오 예술의 모독! 오 치명적인 놀라움거리!
행복을 약속하는 탁월한 몸의 여인이
저 위쪽에 의해 쌍두괴물로 종말을 맞는구나!

— 천만에! 우아한 얼굴 표정으로 환해진 그 얼굴은
그저 가면일 뿐, 현혹시키는 장식일 뿐이니,
이제 끔찍하게 오그라진 진짜 얼굴과
거짓을 말하는 낯의 뒤에 숨어서
뒤집혀 있는 솔직한 낯을 보라.
— 가련한 절세 미모!
네 눈물의 웅장한 강물이 염려에 찬 내 마음에 도달하여,
네 거짓말이 나를 취하게 하고,
내 영혼은 '괴로움'이 네 눈에서 솟구치게 하는 물을 마신다!

— 그런데 그녀는 왜 우는 걸까?
인류를 자기 발아래 굴복시킬 만한 완벽한 미모인 그녀,
어떤 미지의 아픔이 그 튼튼한 가슴을 괴롭히는 걸까?

— 그녀가 운다, 몰상식한 자여, 그녀는 겪었기 때문이다!
그리고 그녀는 보았기 때문이다!

그런데 그녀가 한탄하는 것, 특히 무릎까지 떨게 만드는 것은,
아아! 바로 내일도 여전히 살아야만 하기 때문이다!
내일도, 모레도, 그리고 언제나! ― 우리처럼!

미녀 예찬

너는 깊은 하늘에서 오는 거니, 심연에서 나오는 거니,
오 '미녀'여? 지옥 같고 신성한 네 시선이
선행과 죄를 어수선하게 부어대니,
그래서 너는 포도주와 비견될 수 있다.
너는 눈 속에 황혼과 오로라를 담고 있어서,

너는 폭풍우가 몰아치는 저녁처럼 향기를 퍼뜨리고,
네 입맞춤은 묘약이고, 네 입은 단지여서
영웅을 비겁하게, 아이를 용감하게 만드는구나.
너는 시커먼 구렁에서 나오는 거니, 천체에서 내려오는 거니?

홀린 '운명'이 네 뒤꽁무니를 개처럼 쫓아가고,
너는 기쁨과 재앙을 아무데나 뿌려대며,
모든 것을 지배하고 아무것에도 책임지지 않는다.

미녀여, 죽은 자들 위로 걸어가며 그들을 조롱하는구나.
'끔찍함'이 네 보석들 중 가장 덜 매력적인 것은 아니며,
너의 가장 소중한 패물들 가운데서 '살해'가
네 교만한 배 위에서 애정을 담아 춤추는구나.

현혹된 하루살이가 양초인 너에게 날아가서,
타닥타닥하다가 그슬리며 말한다. "이 불꽃을 축복하자!"
자기 여인에게 헐떡거리며 몸을 기울인 연인은
자기 무덤을 매만지는 위독한 병자처럼 보인다.

네가 하늘에서 왔건 지옥에서 왔건, 상관없다,
오 미녀여! 거대하고 무시무시하며 순진한 괴물!
네 눈, 네 눈썹, 네 발이 내가 결코 알지 못했던,
내가 사랑하는 어떤 무한함의 문을 내게 열기만 한다면?

'사탄'에게서 왔건 '신'에게서 왔건 뭔 상관인가?
벨벳 같은 눈의 요정, 리듬, 향기, 섬광, 오 내 유일한 여왕!
네가 세계를 덜 흉측하게, 순간들을 덜 무겁게
만들기만 한다면, 천사이건 세이렌이건 뭔 상관인가?

머리타래

오 텁수룩한 머리, 목둘레까지 구불구불하구나!
오 구불구불! 오 나른함이 실린 향기!
황홀! 그 머리털 속에서 잠자고 있는 추억들로
오늘 저녁 어두운 규방을 가득 채우기 위해
그녀를 손수건처럼 공중에서 흔들고 싶구나.

초췌한 아시아와 타오르는 아프리카,
멀리 있고 부재하며 거의 사망한 세계 전체가,
향기로운 숲 깊숙한 곳에서 살고 있다!
다른 정신들은 음악 위에서 노 저어 가는데,
오 내 사랑! 내 정신은 너의 향기 위에서 헤엄친다.

수액으로 가득한 나무와 인간이 그 고장의 열기 아래서
오래도록 몽롱해지는 그곳으로 나는 가련다.
단단히 땋은 머리갈래야, 나를 실어가는 물결이 되어라!
흑단 같은 바다야, 너는 돛들과 돛대들과 깃발들과
노 젓는 사람들의 눈부신 꿈을 담고 있구나.

내 영혼이 향기, 소리, 색깔을

철철 넘치도록 마실 수 있고,
선박들이 황금빛과 물결무늬 속으로 미끄러져 들어가면서,
영원한 열기가 바르르 떠는 깨끗한 하늘의 영광을
끌어안으려고 광활한 팔을 벌리는 요란스런 항구.

나는 취기를 사랑하는 내 머리를
다른 머리가 갇힌 그 검은 대양 속에 푹 담그고,
오 풍요로운 게으름이여,
배의 옆질이 어루만지는 나의 예리한 정신은
향기로운 여가의 무한한 어르기를 당신에게 되찾아줄 수 있으
리라.

파란 머리카락, 어둠이 깔린 정자,
당신은 거대하고 둥근 하늘의 쪽빛을 내게 돌려주고,
당신의 꼬인 머리갈래 잔털들에서,
코코넛 기름, 사향, 역청이 뒤섞인 내음에
나는 열렬히 취한다.

오래도록! 늘! 내 손은 네 묵직한 머리타래 속에
루비, 진주, 사파이어를 흩뿌리리라,
네가 내 욕망을 결코 못 듣지 않도록!
너는 내가 꿈꾸는 오아시스, 추억의 포도주를

찔끔찔끔 마시는 호리병이 아니더냐?

신들린 자

태양에 초상의 베일이 드리웠다. 그처럼,
오 내 인생의 '달'이여! 그늘로 나를 포근히 감싸다오,
네 마음대로 잠자거나 담배 피워라, 입 다물라,
침울해져서 '권태'의 구렁텅이에 온통 빠져라,

나는 그러한 너를 사랑한다! 하지만 오늘,
네가 희미한 빛으로부터 나오는 이지러진 별처럼,
'광기'가 혼잡스러운 장소에서 으스대며 걷고 싶다면,
그래 좋아! 매력적인 단검이여, 칼집에서 튀어나와라!

세월의 불길로 네 눈동자에 불을 켜라!
세월의 시선 속에서 욕망에 불을 켜라!
네게서 비롯된 것은, 병적이건 활기차건, 내게는 모두 쾌락이니,

네가 원하는 대로 되어라, 검은 밤, 붉은 여명이여,
떨리는 내 온몸에서 소리치지 않는 세포는 단 하나도 없다.
"오 나의 사랑하는 벨제뷔트, 너를 열렬히 사랑한다!"

귀신

나는 야수 같은 눈의 천사들처럼
네 규방으로 돌아와서
밤의 그림자들과 함께
소리 없이 너에게로 미끄러지고,

달처럼 차가운 입맞춤을 퍼붓고,
구덩이 주위를 기어가는 뱀 같은 애무들을
너에게 퍼부으리라,
갈색 여인이여.

납빛 같은 아침이 올 때면,
너는 나의 빈자리를 발견케 될 테고,
그 자리는 저녁까지 차가울 것이다.

다른 이들은 애정을 통해 군림하지만,
나는 공포를 통해 그러고 싶구나,
네 인생과 네 젊음 위에!

달의 슬픔

오늘 저녁, 달이 더욱 게으름 피며 꿈을 꾼다.
쿠션 위의 어느 미녀처럼
잠들기 전 방심하고 가벼운 손으로
가슴 주위를 쓰다듬고,

비단 같은 등에 나른히 쏟아지는 죽어가는 그 달은
긴 도취에 빠지고,
창공에서 꽃이 만발하듯 차오르는 하얀 환영들에게
이리저리 눈길을 돌린다.

이 지구 위에서 가끔씩 한가로운 번민 속에
남몰래 눈물을 흘릴 때면,
잠을 미워하는 경건한 시인이,

오팔 조각처럼 무지갯빛으로 빛나는 그 창백한 눈물을
손에 담아서
태양의 눈으로부터 멀리 자기 마음에 둔다.

파이프담배

나는 어느 작가의 파이프담배,
아비시니아 여인이나 카피르 여인 같은*
내 얼굴을 보면, 내 스승이
골초 흡연가라는 것이 보인다.

그가 괴로움에 차 있으면, 나는
농부가 돌아오기를 기다리며
식사 준비를 하는 작은 초가집처럼
연기를 뿜어댄다.

내 입으로부터 불이 되어 올라가는
움직이는 파란 회로 속에서
나는 그의 영혼을 감싸 안아 달래주고,

그의 마음을 매혹시키고,
정신의 피로들로부터 그를 낫게 하는
막강한 위로를 둘둘 만다.

---

* '아비시니아'는 에티오피아의 옛 이름이고, '카피르' 족은 남아프리카 흑인을
지칭하던 말.

음악

음악은 종종 바다처럼 나를 붙든다!
　　창백한 내 별을 향해,
안개 천장 아래서 혹은 거대한 창공에서
　　나는 출범한다,

가슴을 내밀고, 허파는 돛처럼
　　부풀어서
밤이 내게 가려놓은 축적된 물결의 등을
　　기어오르며,

나는 괴로워하는 선박의 온갖 정념이
　　내 안에서 진동하는 것을 느끼고,
순풍, 태풍, 선박의 경련들이 어마어마한 구렁에서

　　나를 달랜다.
다른 때에는 내 절망의 고요한 평지,
　　큰 거울이던 그곳에서!

즐거워하는 죽은 자

달팽이들이 가득한 기름진 땅에서
내가 한가로이 내 늙은 뼈들을 늘어놓을 수 있고,
파도 속의 상어처럼 망각 속에서 잠잘 수 있는
깊은 구덩이를 나 스스로 파고 싶다.

나는 유언을 증오하고, 무덤을 증오하며,
사람들의 눈물을 간청하기보다는 차라리
까마귀들을 불러서 내 추한 골격의 모든 끝부분들이
살아 있는 채로 피 흘리게 하는 편이 낫다.

오 귀도 없고 눈도 없는 시커먼 동반자들인 벌레들이여!
자유롭고 즐거워하는 죽은 자가 너희에게 오는 것을 보아라,
난봉꾼 철학자들이여, 부패의 아들들이여,

그러니 내 폐허를 가로지르며 후회 없이 가서,
영혼도 없고 죽은 자들 가운데 죽어 있는 이 늙은 몸에게
아직도 어떤 고문이 있는지 말해주겠니?

살아 있는 횃불

빛으로 가득하고, 아마도 어느 박식한 천사가
자력을 부여한 두 눈이 내 앞으로 행진한다.
내 형제들, 그 신성한 형제들이 내 눈 속에서
다이아몬드로 빛나는 불을 흔들며 내 앞으로 행진한다.

그들은 숱한 함정, 죄악에서 나를 구하며
아름다운 길로 내 발길을 이끈다.
그들은 나를 섬기는 자들이고, 나는 그들의 노예여서,
내 존재는 그 살아있는 횃불에 순종한다.

매혹적인 눈, 너는 양초들이 한낮에도 지니는
그 신비로운 빛으로 반짝이고, 태양은
붉어지지만, 그 눈의 환상적인 불길은 끄지 못한다.

그들은 '죽음'을 찬양하는데, 너는 '기상(起床)'을 노래하고,
너는 내 영혼의 기상을 노래하며 행진한다.
그 어떤 태양도 시들게 못할 불꽃을 지닌 별이여!

여행으로의 초대

나의 아이, 나의 누이여,
먼 곳으로 함께 가서 사는
달콤함을 생각해보라!
너를 닮은 나라에서
한가로이 사랑하고,
사랑하고 죽고!
그 뿌연 하늘의 젖은 태양이
내 마음에서,
눈물 사이로 반짝이며
배반을 꿈꾸는 네 눈의
너무도 신비한 매력을
지니고 있구나.

거기서는 모든 것이 그저 질서와 아름다움,
호사, 평온, 관능.

세월에 의해 반질반질해져
번들거리는 가구들이
우리의 방을 꾸며줄 테고,

호박(琥珀)의 희미한 향에
자신의 향기를 섞어놓는
희귀한 꽃들,
호화로운 천장,
깊은 거울들,
동양의 찬란함,
거기서는 모두가
영혼에게 남몰래
부드러운 모국어로 말할 것이다.

거기서는 모든 것이 그저 질서와 아름다움,
호사, 평온, 관능.

방랑하는 선박들이
운하에서
잠자는 모습을 보라.
그들은 세상 끝으로부터
너의 하찮은 욕망을
채워주러 온 거다.
― 저무는 태양들이
들판들, 운하들,
도시 전체에

히아신스와 황금 옷을 입히자,
뜨거운 빛 속에서
세상이 잠든다.

거기서는 모든 것이 그저 질서와 아름다움,
호사, 평온, 관능.

파리 풍경

Ch. Baudelaire

태양

은밀한 음란의 가리개인 차양이
누옥에 걸려 있는 오랜 마을을 따라서,
잔인한 태양이 배가된 빛살로
도시와 들판, 지붕들과 밀들을 강타할 때,
나는 모퉁이에서마다 각운의 우연들을 쿵쿵대고,
포석 위에서처럼 단어들 위에서 비틀거리고,
때로는 오래 전부터 꿈꾸던 시들과 부딪치면서,
나의 기이한 검술을 혼자 연습하련다.

빈혈증의 적인 먹여주는 아버지는
들판의 장미처럼 시를 깨우고,
근심을 하늘로 증발시키며,
뇌들과 벌통들을 채운다.
목발 짚은 자들을 다시 젊게 하고,
그들을 아가씨처럼 명랑하고 부드럽게 만들고,
여전히 꽃피우고 싶어 하는 불멸의 마음속에 있는 곡물들에게
성장하고 익으라고 명령하는 것도 바로 태양이다!

태양이 시인처럼 도시로 내려오면,

가장 비천한 것들의 운명도 고귀하게 만들고,
모든 병원과 모든 궁궐에 소리 없이 시종도 없이,
왕으로서 침투한다.

백조

빅토르 위고에게,

I

안드로마케*, 당신이 생각납니다!
예전에는 과부로서 대단히 존엄한 괴로움이 반짝이던
불쌍하고 처량한 거울, 그 작은 강,
당신의 눈물을 통해 커졌고, 나의 풍요한 기억을

갑작스레 비옥하게 해준 그 거짓말쟁이 시모에이스**,
마치 내가 새로운 카루젤***을 지나가던 때처럼.
옛 파리는 더 이상 없고(도시의 형태는
인간의 마음보다 더 빨리 변하는구나, 아아!),

* 그리스 신화에서 안드로마케라는 이름은 "남자들과 싸우는 여자"라는 뜻인데 이에 어울리게 트로이 전쟁 때 트로이에서 영웅적인 면모를 보인다. 첫 번째 남편(세 번 결혼했다.) 헥토르를 계속 잊지 못하여 지조의 모범으로 꼽힌다.
** 그리스 신화에서 강의 신으로 나온다. 오케아노스와 테티스 사이에서 태어났다.
*** '기마곡예장'의 뜻인데, 여기서는 루브르궁에 딸려 있는 카루젤을 가리키므로, 고유명사처럼 쓰인 것으로 봐도 무방하다.

내 정신 속에서는 그 병사(兵舍) 주둔지 전체,
대충 세워놓은 닫집과 주간(柱幹) 더미들, 잡초들,
포가(砲架) 측판(側板)의 물 때문에 초록빛인 큰 덩어리들과
포석 위에서 뒤범벅으로 번쩍이는 잡동사니들만 보인다.

거기에 예전에는 동물원이 펼쳐져 있었고,
거기서 어느 날 아침, 청명하고 차가운 하늘 아래서
'일'이 깨어나고, 도로가 조용한 대기 속에서
어두운 태풍을 밀어붙이는 시간에,

나는 백조 한 마리를 보았는데, 그 짐승은
우리에서 도망쳐 물갈퀴가 있는 발로 마른 포석을 문지르며,
울퉁불퉁한 바닥 위로 큰 깃털을 질질 끌고 있었고,
물이 없는 시냇가 근처에서 부리를 벌리고,

날개를 화약 속에 신경질적으로 담그며,
고향의 아름다운 호수를 마음에 가득 품고서 말했다.
"물이여, 너는 도대체 언제 퍼부을 거니? 언제 천둥 칠 거니?
나는 이상하고 불운한 신화인 그 불쌍한 자가 보이는데…"

마치 '신'에게 불평이라도 하듯이,
오비디우스의 인간처럼 때때로 하늘을 향해,

냉소적이고 잔인하게 푸른 하늘을 향해,
경련을 일으키는 목 위에서 탐욕스런 머리를 뻗고 있는 그!

II

파리는 변하는데, 나의 우수(憂愁) 속에서는
아무것도 변하지 않았다! 새 궁전들, 비계들, 감옥들,
오래된 마을들, 모든 것이 나에게는 알레고리가 되고,
나의 소중한 추억들은 바위덩이들보다 더 무겁다.

그 루브르 궁 앞에서도 한 이미지가 나를 짓누른다.
나의 위대한 백조와 그의 미친 몸짓들이 함께 생각난다.
추방당하는 자처럼, 우스꽝스러우면서도 숭고하고,
휴전 없는 욕망으로 괴로워하는! 그 다음에는

안드로마케, 당신이 생각납니다. 비루한 짐승,
대단한 남편의 팔로부터, 멋진 피로스*의 손에 넘어가고,
텅 빈 무덤 가까이서 황홀경에 빠진,

* 아킬레우스의 아들. 안드로마케를 포로로 붙잡아서 내연관계를 맺어서 그의
아내 헤르미온이 질투를 하여 안드로마케를 죽이려는 시도까지 하지만, 피로스
의 할아버지가 그녀의 목숨을 구해준다.

헥토르의 과부, 아아! 헬레누스의 아내!

진창에서 발을 동동거리고, 얼이 빠진 눈으로
거대한 안개 벽 뒤에서 있지도 않은,
멋진 아프리카의 야자나무들을 찾고 있던,
폐결핵에 걸린 야윈 여자흑인노예가 생각난다.

결코! 결코! 되찾지 못할 것을 잃어버린 자들,
눈물에 젖어, 착한 늑대암컷처럼 '괴로움'을 빠는 자들!
꽃들처럼 시들시들해지는 야윈 고아들!
이런 이들이 생각난다.

그래서 내 정신이 망명한 숲에서
오래된 '추억'이 온 힘을 다해 요란스레 울린다!
어느 섬에 잊힌 뱃사람들, 포로들, 패자들…
그리고 다른 많은 자들이 생각난다!

일곱 노인

빅토르 위고에게,

우글거리는 도시, 꿈들로 가득한 도시,
대낮에 유령이 행인에게 달라붙는 곳!
막강한 대국의 좁은 운하들에서
신비가 곳곳에 수액처럼 흐른다.

어느 아침, 처량한 거리에
안개로 길게 늘어난 집들이
불어난 강의 양쪽 강가를 흉내 내고,
배우의 영혼과 비슷한 배경인

더럽고 누런 짙은 안개가 온 공간에 범람하는 동안,
나는 영웅처럼 힘줄을 뻣뻣하게 하고,
이미 지친 내 영혼과 논의를 하면서,
철도화차들로 흔들리는 성곽마을을 따라 걸었다.

갑자기 노인 하나가 나타났다.
비 내리는 하늘 색깔을 닮은 누런 누더기 차림에,

눈에서 번쩍이는 심술궂음이 없다면
비 오듯 온정을 받았을 행색이었다.

노인의 눈동자는 담즙에 적셔진 것 같았고,
시선에선 차갑고 짙은 안개가 날카롭게 느껴졌으며,
검(劍)처럼 뻣뻣한 긴 털의 수염은
유다의 수염처럼 뻗어 있었다.

등이 둥글게 굽지는 않았으나 노쇠했고,
등뼈는 다리와 완벽한 직각을 이루고,
지팡이가 거동을 마무리 지어서,
불구의 네발짐승이나 세 발의 유태인 같은

거동과 서툰 발걸음을 보이게 했다.
노인은 눈과 진창 속에 발이 옭매이면서 걸어갔는데,
마치 우주에 대해 무관심하다기보다 적대적이어서,
자기 헌 신발로 죽은 자들을 짓이기는 것만 같았다.

그와 닮은 자가 그 뒤를 쫓았다. 수염, 눈, 등, 지팡이, 해진 옷,
같은 지옥으로부터 온 그 백 살 먹은 쌍둥이와
그 어떤 특징으로도 구분되지 않던 바로크 식 유령들은
알 수 없는 어떤 목표를 향해 같은 발걸음으로 나아갔다.

나는 어떤 비열한 음모의 표적이 되었던 걸까,
아니면 어떤 못된 우연으로 그런 굴욕을 당한 걸까?
왜냐하면 그 을씨년스런 노인이 늘어나는 것을
연이어 일곱 번이나 세었으니 말이다!

나의 불안을 비웃고,
우애 어린 공감에 사로잡히지도 않는 저 자는,
그 흉측한 일곱 괴물이 그토록 노쇠함에도 불구하고
영원할 것 같다고 제대로 생각하니 말이다!

냉혹하고 빈정거리고 불운한 꼭 닮은 자,
자신의 아들이자 아버지인 역겨운 피닉스,
나는 죽지 않고 그 여덟 번째를 응시할 수 있을까?
— 그러나 나는 그 지옥 같은 행렬에 등을 돌렸다.

나는 사물이 이중으로 보이는 취한처럼, 격분하고 겁에 질리고,
병들고, 기다리다 지치고, 정신은 열에 들떠 혼란스럽고,
신비에 의해, 부조리에 의해 상처를 입은 채,
집으로 돌아가서, 문을 닫았다!

내 이성은 헛되이 주도권을 잡으려 했고,
소용돌이가 장난치며 이성의 노력을 패주시켰고,

내 영혼은 낡은 거룻배처럼 돛대도 없이,
해안가도 없는 괴물 같은 바다 위에서 춤추고, 춤추었다!

작은 노파들

빅토르 위고에게,

I

모든 것이, 심지어 공포마저도 마법으로 바뀌는
오래된 수도들의 구불구불한 굽이에서,
나는 내 불운한 기질에 순종하며,
기이하고 늙어빠지고 매력적인 존재들을 살핀다.

이 망가진 괴물들이 예전에는 여인들이었으니,
에포닌 또는 라이스*! 낙담하거나 꼽추이거나
머리가 이상해진 괴물들, 그들을 사랑하자! 아직 영혼들이니.
구멍 난 치마 아래서, 차가운 천 아래서

---

* 에포닌 테나르디에는 『레미제라블』의 등장인물들 중 하나로서, 코제트와 같은 나이이고, 가브로슈의 누나이다. 자기 남편이 위험에 처했을 때 숨겨주고 동굴에서 생존하도록 도와주었고, 그가 발각되고 사형에 처하자 자기도 더 이상 살고 싶지 않아서 황제를 모욕하고 처형당한다. 반면 라이스라는 이름은 고대 그리스의 창녀 이름으로 여러 차례 등장한다. 이로써 이 두 이름은 '미덕'과 '악덕'의 대비를 위한 것이다.

편파적인 북풍에 매질 당하고,
합승마차가 굴러가는 굉음에 떨고,
꽃들이나 수수께끼가 수놓인 작은 주머니나
성물함처럼 양 옆이 꽉 조여진 채 기어가며,

꼭두각시 인형과 똑같은 모습으로 종종걸음치고,
상처 입은 동물들처럼 질질 끌리듯 가거나,
원하지 않으면서도 춤추는구나,
무자비한 '악령'이 매달려 있는 불쌍한 종(鐘)들이여!

그들은 완전히 노쇠했으나 송곳처럼 날카롭고,
밤에 잠자는 구덩이들처럼, 물이 번쩍거리는
눈을 하고 있는데, 반짝이는 것만 보면 놀라고 웃어대는
어린 여자애의 숭고한 눈과 같다.

— 노파들의 많은 관들이 거의 어린애의 관만큼
작다는 것을 알아챈 적이 있습니까?
똑똑한 '죽음'이 그런 관들에
이상하고도 매혹적인 취향의 상징을 두는데,

파리의 우글거리는 그림을 가로지르는
형편없는 유령이 엿보일 때면,

언제나, 그 허약한 존재가
새로운 요람을 향해 아주 천천히 가는 것만 같다.

어긋난 그 사지(四肢)를 보고서 기하학을 깊이 고찰하며,
그 모든 신체들이 들어 있는 상자를
다양한 형태로 만들어야 한다고
몇 번이나 생각하지 않을 수 없는 한…

— 그 눈들은 숱한 눈물로 만들어진 우물들,
차가워진 금속이 총총 박힌 도가니들…
혹독한 '불운'이 젖을 먹인 자에게는
그 신비로운 눈이 물리칠 수 없는 매력을 갖고 있다!

II

고대 프라스카티*의 사랑에 빠진 여신,

---

* 파리의 리슐리외 가의 한 저택에 1796년에 나폴리에 있는 프라스카티를 본 따서 도박장과 무도회장을 설치하였는데, 여성들이 받아들여지는 유일한 곳이었다. 1836년에 문을 닫았다. 본래 이 이름은 고대 로마에 있던 한 도시의 이름으로, 현재 로마 시로부터 동쪽으로 20킬로미터 떨어진 곳에 있다.

탈리아*의 여제관, 아아! 죽은 프롬프터만이
그녀의 이름을 알고 있고, 예전에 티볼리**가
자신의 꽃 속에 그늘을 만들어주었던, 증발해버린 유명인,

모두가 나를 취하게 한다! 하지만 그 가냘픈 존재들 중에,
괴로움으로 꿀을 만들면서도, 날개를 빌려주던 '헌신'에게,
"막강한 히포그리프***, 나를 하늘까지 데려다다오!"라고
말하는 여인들이 있다.

조국에 의해 불행의 시련을 맞은 여인,
남편으로부터 지나치게 괴로움을 당했던 여인,
자기 아이 때문에 괴로움이 뼛속까지 파고든 마돈나,
모든 여인들이 눈물로 강을 만들 수도 있었으리라!

---

* 고대 그리스 신화에 나오는 인물로서, "즐거운, 꽃이 만발하는"의 뜻을 지니고
있으며, 연극을 주재하는 뮤즈이다.
** 이탈리아의 라티움 지역에 있는 고대 로마의 한 도시.
*** 그리핀(사자의 몸에 독수리의 머리를 하고 있는 신화 속 상상의 동물)의 수컷과 암말
사이에서 태어났다고 여겨지는 상상의 동물. 상체는 독수리, 하체는 말의 형체
를 지니고 있다고 전해진다.

III

아! 나는 쫓아갔다, 그 작은 노파들을!
그 중에서도 특히 한 노파는, 지는 해가 하늘을
진홍빛 상처들로 붉게 물들이던 시간에,
벤치에서 생각에 잠겨 따로 떨어져 앉아서,

금관악기가 풍부한 그런 합주를 듣고 있다.
음악회로 인해 때로는 우리의 정원들에 군인들이 넘쳐나서,
우리의 생기가 되살아나는 황금빛 저녁이면
군인들은 도시민들 속에서 어떤 영웅심을 부어주고 있다.

아직 꼿꼿하고 당당하며 질서가 느껴지는 그 여인은
그 경쾌하고 씩씩한 노래를 탐욕스레 들이켰고,
눈은 때때로 늙은 독수리의 눈처럼 커졌으며,
무표정한 얼굴은 월계수를 위한 얼굴인 것만 같았다!

IV

그렇게 당신들은 활기 넘치는 도시를 가로지르며
스토아적으로 불평 없이 길을 간다,

예전에는 모두에 의해 이름이 인용되고,
피 흘리거나 비굴하거나 성스러운 마음을 가진 어머니들.

은혜 또는 영광이었던 당신을 아무도 알아보지 못하다니!
몰상식한 술꾼 하나가 지나가다가
터무니없는 사랑으로 당신을 모욕하고,
비겁하고 비루한 아이 하나가 당신 뒤꿈치에서 깡충거린다.

존재하는 것이 부끄러운, 쪼그라든 그림자들,
겁 많은 당신들은 등을 숙이고 벽에 붙어 가는데,
아무도 당신들에게 인사하지 않는다, 이상한 운명들이여!
영원성이 보기에는 너무 무르익어버린 인류의 잔재들이여!

하지만 나, 당신을 멀리서 다정히 살펴보는 나,
마치 내가 당신의 아버지라도 되는 양, 오 경이로움이여,
불안한 눈으로 당신의 불안정한 발걸음을 뚫어져라 보는 나!
나는 당신들이 모르는 새에 은밀한 즐거움을 맛보고 있으며,

당신들의 풋내기 열정들이 활짝 피는 것을 보고 있고,
어둡건 밝건 당신들의 잃어버린 날들을 보았고,
부풀어진 내 마음은 당신들의 모든 악덕을 향유하고 있다!
그리고 내 영혼은 당신의 그 모든 미덕들로 빛이 난다!

폐허들! 내 가족! 오 동족의 뇌들이여!
나는 당신들에게 날마다 장엄한 이별을 고한다!
여든 넘은 이브들이여, 내일 당신들은 어디 있을까,
'신'의 끔찍스런 발톱은 누구를 내리찍을 것인가?

지나가는 여인에게

귀를 멍하게 하는 거리가 내 주위에서 으르렁대고 있었다.
길고 날씬하며, 한창 상중에 있어 장엄한 괴로움에 빠진
한 여인이 호사스런 손으로 부채꼴의 긴 소매와
옷단을 들쳐 올리고 흔들면서,

조각 같은 다리로 민첩하고 고상하게 지나갔다.
나는 괴상한 사람처럼 오그라진 채 마시고 있었고,
태풍이 싹트는 납빛 하늘같은 그녀의 눈 속에는
매혹적인 부드러움과 치명적인 쾌락.

번쩍하더니… 이어서 밤! — 시선으로 나를
갑작스레 새로 태어나게 한 순간적인 아름다움,
나는 너를 영원 속에서 말고는 더 이상 보지 못하는 걸까?

여기서 아주 먼 다른 데서! 너무 늦었다! 어쩌면 결코!
나는 네가 어디로 가는지 모르고,
너는 내가 어디로 가는지 모르니,
오 내가 사랑했을 너, 오 그것을 알았던 너!

죽음의 춤

에르네스트 크리스토프에게,

자신의 고상한 조각을 생자(生者)만큼 뿌듯해하는
그녀는 장갑을 낀 손에 커다란 꽃다발과 장갑과 더불어
괴상한 분위기를 띠며 아양을 떠는 야윈 여인처럼
무기력하고 경망스럽다.

무도회에서 그보다 더 가는 허리를 본 적이 있는가?
장엄한 규모의 과도한 드레스는
잔뜩 모양을 낸 꽃처럼 예쁜 신발이 조이고 있는
야윈 발 위로 풀썩 푸짐하게 무너져 내린다.

쇄골 가장자리에서 장난을 치는 주름장식은
바위에 자신을 문질러대는 선정적인 시냇물처럼
자기가 꼭 감추려하는 음산한 매력들을
우스꽝스러운 익살들로부터 다소곳이 지킨다.

그녀의 깊은 눈은 허공과 암흑으로 형성되었고,
그녀의 머리는 예술적으로 씌워놓은 꽃들로 장식되어,

허약한 척추 뼈 위에서 나약하게 흔들린다.
— 오 미친 듯 야하게 장식된 무(無)의 매력이여!

이해하지 못하는 사람들, 육체에 취한 연인들은
너를 풍자화라고 부를 것이다.
사람 뼈대의 이름 없는 우아함이라고.
너는 나의 가장 소중한 취향에 부합한다, 대단한 뼈다귀여!

너는 그 강력한 표정을 지으면서
'생명'의 축제를 어지럽히러 오는 거니? 아니면
어떤 오랜 욕망이 네 살아 있는 골격을 아직도 자극하면서,
'쾌락'의 안식일로 순진한 너를 밀어붙이는 거니?

바이올린 가락에, 양초들의 불꽃에
너의 비웃는 악몽을 쫓아내고 싶어서,
네 마음속에 불 켜진 지옥을 서늘하게 식혀달라고
통음난무의 격류에게 부탁하러 오는 거니?

어리석음과 잘못들의 마르지 않는 우물!
아주 오래된 괴로움의 영원한 증류기!
네 갈비뼈들의 휜 격자들 사이로
아직도 헤매고 있는 만족할 줄 모르는 살무사가 보인다.

진실을 말하자면, 네 애교가 그 노력에 어울리는
대가를 얻어내지 못할까봐 염려되는구나.
인간의 마음 중에 어떤 마음이 그 빈정거림을 듣겠는가?
끔찍함의 매력은 강자들만 도취하게 할 뿐이다.

끔찍한 생각들로 가득한 네 눈의 심연이
현기증을 유발하고, 사려 깊은 무희들은
씁쓸한 혐오감 없이는 너의 서른두 개 이빨의
영원한 미소를 응시하지 못할 것이다.

그런데 뼈다귀를 품에 꽉 안지 않은 자가 어디 있으며,
무덤의 것들을 섭취하지 않은 자가 어디 있겠는가?
향수나 옷이나 몸치장이 뭐 대수겠는가?
까다롭게 구는 자는 자기가 잘생겼다고 믿는 것을 보이는 거다.

눈치 없는 무희, 저항할 수 없는 계집,
기분상한 체하는 그 무용수들에게 말하렴.
"분과 연지 덕분임에도 긍지에 차 있는 귀염둥이들아,
모두에게 죽음의 냄새가 난다! 오 사향 냄새 나는 뼈다귀들아,

시든 안티누스* 같은 이들, 수염도 나지 않은 얼굴의 멋쟁이들,
번들거리는 시체들, 늙어서 백발이 된 호색한들,
죽음의 춤의 전체적인 흔들림이
당신들을 미지의 장소들로 이끌어간다!

세느 강의 차가운 강변부터 갠지스 강의 불타는 가장자리까지,
죽을 수밖에 없는 무리가 펄쩍 뛰고 황홀해하는데,
천장의 구멍에서 검은 나팔총처럼 불길하게
입을 벌리고 있는 '천사'의 트럼펫을 보지 못한다.

그 어떤 기후에서건, 그 어떤 태양 아래서건, '죽음'이
뒤틀려 있는 너, 우스운 '인류', 너를 찬미하고,
너처럼 자주 몰약으로 자신을 향기롭게 하면서
너의 미친 짓에다 자신의 아이러니를 섞는다!

---

* 111-112년경에 태어나 130년에 죽은 비티니아 출신의 그리스인. 하드리아우
스 황제의 총애를 받았었다.

거짓에 대한 사랑

천장에서 부서지는 도구들의 노랫소리에
조화롭고 느린 발걸음을 중단하고,
깊은 눈길로 권태를 이리저리 끌고 다니며 지나가는,
오 무감각한 연인이여, 너를 내가 볼 때면,

그 눈길을 물들이는 가스 불에 비친 네 창백한 이마,
저녁 횃불이 오로라를 켜놓은 그 이마와
어느 초상화의 눈처럼 매혹적인 네 눈을 바라볼 때면,

나는 중얼거린다. '어찌나 아름다운지! 이상하게 신선하구나!'
묵직한 추억, 장엄하고 육중한 탑, 왕관,
그런데 복숭아처럼 멍든 그녀의 마음은 그녀의 육체처럼,
조예 깊은 사랑을 위해 농익어 있구나.

너는 최고로 맛있는 가을 과일인 거니?
너는 눈물 몇 방울을 기다리는 유골 단지,
머나먼 오아시스를 꿈꾸게 하는 향기,
다정한 베개 또는 꽃바구니인 거니?

귀중한 비밀을 조금도 은닉하지 않는
몹시 우수에 찬 눈이 있음을 나는 안다,
너희보다 더 텅 비고 더 깊숙하지만 보석은 없는
예쁜 보석상자, 내용물 없는 성유물 장식, 오 맙소사!

그런데 진실을 피하는 마음을 즐겁게 해주려면,
너는 그저 겉치레이기만 하면 되는 거 아닐까?
너의 우둔함이나 너의 무관심이 뭐 중요할까?
가면이건 장식이건, 안녕! 나는 너의 아름다움을 숭배한다.

포도주

Ch. Baudelaire

포도주의 영혼

어느 날 저녁, 포도주의 영혼이 병 속에서 노래를 하고 있었다.
"인간이여, 유리로 된 내 감옥과 진홍빛 밀랍 아래서,
내가 너에게, 오 친애하는 불우한 자여,
빛과 우애가 가득한 노래를 부른다!

불길에 싸인 언덕에서, 내 삶을 생성키 위해,
내게 영혼을 주기 위해, 얼마나 많은 고생과 땀과
타는 것 같은 햇빛이 필요한지 나는 알고 있지만,
결코 배은망덕하지도 악의를 갖지도 않을 것이다.

왜냐하면 나는 노동으로 지쳐버린 인간의 목구멍에
내가 떨어질 때 어마어마한 기쁨을 느끼기 때문이고,
그의 따뜻한 가슴은, 내가 차가운 지하창고보다
훨씬 더 좋아하는 부드러운 무덤이기 때문이다.

너는 일요일이면 늘 부르는 노래들과,
파딱이는 내 가슴에서 부드러이 울려 퍼지는 희망이 들리니?
너는 탁자 위에 팔꿈치를 괴고 소매를 걷어 올리고서
나를 영화롭게 하고, 만족스러워 할 것이다.

나는 홀린 네 여인의 눈에 불을 켤 테고,
네 아들에게 그녀의 힘과 색깔들을 넘겨줄 것이며,
인생의 그 가냘픈 육상선수에게는
격투기선수들의 근육을 단단하게 하는 기름이 될 것이다.

희귀한 꽃처럼 신을 향해 솟아나게 될 시가
우리의 사랑으로부터 생겨나도록,
네 안에서 나는 식물성 암브로시아,
영원한 '씨 뿌리는 자'가 던지는 귀한 씨앗으로서 떨어지리라!

넝마주의자들의 포도주

왕성하게 작용하는 효모처럼 인간들이 우글거리는
진흙탕의 미로, 오래된 변두리 마을 한가운데서,
바람이 불길을 때리고 유리를 괴롭히는
가로등 붉은 빛에, 종종,

고개를 끄덕이고, 뭔가에 걸리고, 시인처럼 벽에 부딪치며 오고,
자기 신하들인 정보원들에 대해서는 염려도 않으면서,
영광스런 계획들에 관해 온 마음을 털어놓는
넝마주이 하나가 보인다.

그는 서약을 하고, 숭고한 법을 구술하고,
못된 자들을 쓰러뜨리고, 희생자들은 일으켜주고,
매달려 있는 천개(天蓋) 같은 창공 아래서
자신의 덕성의 찬란함에 취한다.

그렇다, 가정의 근심들로 끈질기게 괴로움당하는 그 사람들은,
일 때문에 지쳐빠지고, 나이 때문에 고통스러워하고,
거대한 파리의 뒤범벅 토사물인 쓰레기 더미 아래서
기진맥진하여 구부러지며,

술통의 냄새를 풍기면서 돌아오는데,
전쟁터에서 백발이 되고, 수염은 낡은 깃발들처럼
매달려 있는 동료들이 그 뒤를 따른다!
군대깃발들, 꽃들, 개선문들이

그들 앞에 세워지는데, 화려한 마법 같다!
나팔들, 태양, 아우성, 북의
귀가 먹먹하고 빛나는 난무(亂舞)에서
사랑에 취한 사람들에게 그들은 영광을 가져다준다!

바로 그렇게 포도주는 경박스런 '인류'를 가로지르며
눈부신 팍톨로스* 강, 황금을 흐르게 하여,
인간의 목구멍을 통해 자신의 공적을 노래하고
진정한 왕처럼 자신의 천부적 재능들을 통해 치세한다.

침묵 속에 죽는 그 모든 저주받은 늙은이들의
원한을 파묻고 무기력을 흔들어 달래기 위해,
'신'은 회한에 사로잡혀 잠을 만들었었고, 거기에
'인간'은 '태양'의 신성한 아들인 '포도주'를 덧붙였다!

---

*사금(砂金)이 있었다고 전해지는 리디아의 강. 부유한 왕 크로이소스의 재원(財源)이었다고 한다.

살인자의 포도주

내 아내가 죽었으니, 나는 자유롭다!
그러므로 술을 실컷 마실 수 있다.
내가 한 푼도 없이 집에 돌아올 때면
그녀의 고함이 내 신경을 찢어놓곤 했다.

나는 왕만큼이나 행복하고,
공기는 맑고, 하늘은 탄복할 만하고…
내가 사랑에 빠지게 되었을 때
우리는 그런 여름을 보냈다!

나를 괴롭히는 끔찍한 갈증이 충족되려면,
그녀의 무덤을 채울 수 있을 만큼의
포도주가 필요할 것이다.
— 결코 과장하는 게 아니다.

나는 그녀를 우물 깊숙이 던져버렸고,
심지어 우물가의 포석들을 죄다
그녀에게 던지기까지 했다.
— 가능한 한 나는 그녀를 잊어버릴 것이다!

그 무엇도 우리를 갈라놓을 수 없는
애정 서약의 이름으로, 그리고
우리가 취해 있던 아름다운 시절처럼
우리가 서로 화해하기 위해

나는 그녀에게 만나자고 애원했고,
어느 날 저녁 어두컴컴한 도로로
그녀가, 그 미친 여자가 왔다!
— 우리는 둘 다 다소 미쳤으니까!

그녀는 아주 피곤해 있음에도 아직 예뻤다!
그리고 나는 그녀를 너무 사랑했다.
바로 그 때문에 그녀에게 말했다.
"그런 생활을 그만둬!"

아무도 나를 이해할 수 없다.
그 멍청한 술꾼들 가운데 단 한 명이라도
자신이 겪는 병적인 밤들에
포도주로 수의를 만들 생각을 했을까?

무쇠 기계처럼 그 무엇에도 끄떡없는
그 추잡한 여인은

여름에도, 겨울에도, 그 어느 때도
진정한 사랑을 결코 알지 못했다.

그녀의 검은 마력,
그녀의 위험천만한 지옥 같은 행렬,
그녀의 독약 병들, 그녀의 눈물,
그녀의 쇠사슬과 해골이 내는 소리!

— 그렇게 해서 자유롭고 고독해진 나!
나는 오늘 저녁 죽도록 취할 것이며,
그러고 나서 두려움도 없고 후회도 없이
땅바닥에 누울 것이다.

나는 개처럼 잠잘 테고,
돌과 진흙이 잔뜩 실려
무거운 바퀴가 끄는 짐수레,
고장 난 차량이

죄지은 나의 머리를 박살내거나
몸 가운데를 가를 수 있지만,
나는 '신'이나 '악마'나 '성단'을 비웃듯,
그런 일을 비웃는다!

고독한 자의 포도주

어른거리는 달이 흔들리는 호수에 보내는
하얀 빛줄기처럼 우리를 향해 미끄러지는
바람기 많은 여인의 독특한 시선,
그 시선에 그녀가 나른한 아름다움을 담그려 하면,

도박사의 손가락에 쥐어진 마지막 은화 주머니,
야윈 아들린의 방탕한 입맞춤,
인간의 괴로움으로부터 멀리 떨어진 외침과 비슷한
짜증스럽고 아양 떠는 음악 소리,

그 모든 것은, 오 심오한 병(甁)이여,
너의 번식력 강한 볼록한 배가
경건한 시인의 갈증 나는 심장에 간직하는
침투력 강한 향기보다 못하다.

너는 그에게 희망 젊음 인생, 그리고 자존심을 부어준다.
— 그 거지생활 전체의 보물인 자존심이
우리를 의기양양케 하고 '신'처럼 만든다.

연인들의 포도주

오늘, 창공은 찬란하다!
재갈도 없고, 박차도 없고, 굴레도 없이
포도주에 올라타고 출발하자,
요정 같고 신 같은 하늘을 향해!

가혹한 열병성 섬망으로
고문당하는 두 천사처럼,
아침의 수정 같은 파랑색 속에서
멀리 있는 신기루를 쫓아가자!

정신착란의 기쁨 속에서
똑똑한 회오리바람에 의해
날개 위에서 나른하게 흔들리고,

나의 누이여, 나란히 헤엄쳐 가자
휴식도 없고 중단도 없이
내 꿈들의 낙원을 향해 도망치자!

악의 꽃

어느 순교자. 미지의 스승에 관한 소묘

작은 병들, 금은 실로 장식된 천들과
　　　관능적인 가구들,
대리석들, 그림들, 호화로운 주름으로 짜여진
　　　향기로운 드레스들,

온실에 있는 듯 공기가 위험하고 치명적이며,
　　　유리관들 속에서
죽어가는 꽃다발이 마지막 숨결을 내뿜어대는
　　　미지근한 방에서,

머리 없는 시체가 해갈된 베개에다
　　　시뻘겋고 살아 있는
피를 강물처럼 흘려보내자, 천은 풀밭처럼
　　　탐욕스레 젖어든다.

그림자가 낳는 파리한 환영들과 비슷하고
　　　우리의 눈과 머리를
자신의 어두운 갈기와 귀한 보석들
　　　무더기로 묶어놓고

머리맡 탁자에서 미나리아재비처럼 쉬어라,
　　　그리고 생각을 비우면,
뒤집힌 눈에서 여명처럼 희미하고 하얀
　　　시선이 새어나온다.

침대 위에는, 스스럼없이 벗은 몸통이 더할 수 없이
　　　포기한 태도로,
자연이 그에게 선물한 비밀스런 찬란함과 치명적인
　　　아름다움을 과시하는데,

가장자리에 금박장식이 된 빛바랜 분홍색 스타킹이
　　　추억처럼 다리에 남아 있고,
스타킹 고무 밴드는 작렬하는 비밀스런 눈과도 같이,
　　　다이아몬드처럼 빛나는 눈길을 쏘아댄다.

도발적인 태도만큼이나 도발적인 눈이 돋보이는
　　　초췌한 큰 초상화와
그 고독의 특이한 면모가 어두운 사랑을
　　　드러내 보인다.

나쁜 천사들 무리가 커튼 주름 속에서
　　　헤엄치며 즐기는

죄스런 기쁨과 지옥 같은 입맞춤들이 가득한
　　　　이상한 축제들,

그런데 윤곽은 조화롭지 못하나 우아하게
　　　　야윈 어깨와,
좀 뾰족한 엉덩이와, 성난 파충류처럼
　　　　팔팔한 허리를 보면,

아직 그녀는 정말로 젊다! ― 격앙된 그녀의 영혼과
　　　　권태로움에 물어뜯긴 감각들은
방황하고 헤매는 욕망들을 굶주린 무리에게
　　　　방싯 열었을까?

그토록 사랑했음에도 네가 살아 있을 땐 충족시키지 못하던
　　　　복수심 강한 남자가,
너의 무기력하고 너그러운 육체에서 자신의 어마어마한
　　　　욕망을 채웠을까?

대답해라, 불순한 시체야! 열에 들뜬 팔로 너의 뻣뻣한 머리를
　　　　붙잡아 너를 일으켜 세우며,
내게 말해봐, 소름끼치는 머리야, 마지막 작별인사를
　　　　네 차가운 이빨에 달라붙게 한 거니?

— 조롱하는 세계로부터 멀리, 불순한 군중으로부터 멀리,
　　　호기심 많은 사법관들로부터 멀리 가서,
평화로이 자라, 평화로이 자라, 이상한 여인이여,
　　　너의 신비로운 무덤 안에서.

너의 남편은 세상을 쏘다니고, 너의 불멸의 형체는
　　　그가 잘 때 그 곁을 지키고,
그 또한 너에게 너만큼 정절을 지킬 것이며,
　　　죽을 때까지 한결같을 것이다.

레스보스

레스보스, 로마 식 놀이들과 그리스 식 쾌락들의 어머니,
나른하거나 즐겁거나
태양처럼 따뜻하고 수박처럼 시원한 입맞춤들이
영광스런 밤과 낮을 장식하는 곳,
― 로마 식 놀이들과 그리스 식 쾌락들의 어머니,

레스보스, 입맞춤들이 바닥없는 나락으로
두려움 없이 몸을 던지고,
불규칙하게 흐느끼고 쿨럭쿨럭 달리는 폭포 같은 곳,
― 요란스럽고도 비밀스러우며, 우글거리면서 깊어서,
입맞춤들이 폭포 같은 곳, 레스보스!

레스보스, 프리네* 같은 여인들이 서로 끌어당기고,
한숨이 결코 반향 없이 있지 않는 곳,

---

* 기원전 4세기경에 그리스에서 유명했던 고급 창녀. '프리네'는 '두꺼비'라는 뜻
인데, 그녀의 피부가 누르스름한 데서 비롯된 별명이다. 화대가 비싸기로 유명
했다. 장-루이 제롬 같은 화가나 생상스 같은 음악가 또는 문인들에게 영감을
준 인물이다. 보들레르는 이 시와 〈아름다움 La Beauté〉이라는 시에서 그녀에게
서 받은 영감을 표현했다.

파포스*와 똑같이 별들도 너를 찬미하고,
비너스도 온당히 사포를 질투할 수 있다!
레스보스, 프리네 같은 여인들이 서로 끌어당기는 곳.

레스보스, 뜨겁고 번민하는 밤의 땅,
그 밤의 거울에는, 불모의 관능,
퀭한 눈의 아가씨들이 사랑에 빠진 몸으로
시집갈 나이의 성숙한 열매를 애무하게 만드는 곳,
레스보스, 뜨겁고 번민하는 밤들의 땅,

늙은 플라톤의 준엄한 눈이 찌푸려지도록 놔두라,
너는 과도한 입맞춤으로부터 네 용서를 끌어내는구나,
부드러운 제국, 상냥하고 고상한 땅,
언제나 고갈되지 않는 세련된 것들의 여왕이여.
늙은 플라톤의 준엄한 눈이 찌푸려지도록 놔두라.

너는 영원한 순교로부터 용서를 끌어내는구나!
다른 하늘 가장자리에서 어렴풋이 힐끗 본 눈부신 미소가
우리로부터 멀리 끌어당기는 야심찬 마음들에게

---

* 키프로스의 서쪽 해안에 위치한 도시. 갈라테이아와 피그말리온 사이에 태어
난 딸이며, 아폴론의 연인이기도 했던 님프의 이름에서 비롯되었다는 것이 여러
추정 중 하나다.

휴식 없이 가해지는
영원한 순교로부터 너는 용서를 끌어내는구나!

레스보스, '신들' 중 누가 감히 너의 심판관이 되어,
고난 속에 창백해진 네 이마를 처벌하려 하겠는가,
너의 시냇물들이 바다에 부은 대홍수 같은 눈물들을
그의 금 저울이 달지 않았다면?
레스보스, '신들' 중 누가 감히 너의 심판관이 되려 하겠는가?

정의와 불의에 관한 법은 우리에게 무엇을 원하는 건가?
군도(群島)의 명예, 숭고한 마음을 가진 처녀들,
너희들의 종교는 다른 종교처럼 존엄하고,
사랑은 지옥과 하늘을 우습게 여길 것이다!
정의와 불의에 관한 법은 우리에게 무엇을 원하는 건가?

왜냐하면 레스보스가 꽃피운 처녀들의 비밀을 노래하기 위해
이 땅의 모든 것들 가운데서 나를 선택했기 때문이고,
나는 어두운 눈물에 섞인 광적인 웃음들의 어두운 신비에
어릴 적부터 받아들여졌기 때문이다.
레스보스가 이 땅의 모든 것 중에서 나를 선택했기 때문이고,

그 때 이후로 나는 뢰카트 꼭대기에서 지키고 있다.

멀리 쪽빛 바다에서 잔잔히 떠는 형체들의
작은 범선, 돛이 두 개인 범선, 대형 범선 등을
밤낮으로 살피는 예리하고 빈틈없는 눈을 한 초병처럼,
나는 뢰카트* 꼭대기에서 지키고 있다.

바다가 너그럽고 착한지 알아보기 위하여,
그리고 요란스레 울려대는 바다의 흐느낌들 가운데서
사포의 열렬한 사랑을 받던 시체를 용서하는 레스보스 쪽으로
어느 저녁이 데려다 줄 것인지 알아보기 위해 사포는 떠났다,
바다가 너그럽고 착한지 알아보기 위하여!

연인이자 시인, 남성적인 사포!
생기 없는 창백함 때문에 비너스보다 더 아름답다.
— 괴로움에 의해 그려진 어두운 원으로 얼룩진
검은 눈에게 쪽빛 눈이 패한다,
연인이자 시인, 남성적인 사포!

— 세계 위에 우뚝 서있는 비너스보다 더 아름답다.
딸에게 홀려 있는 늙은 오케아노스 위에
황금빛 젊음의 광휘와

---

* 오시타니아 지방에 있는 지역으로서 프랑스 남동쪽 지중해 연안에 있다.

평온함의 보물을 붓고 있는,
세계 위에 우뚝 서 있는 비너스보다 더 아름답다!

신성모독을 하던 날 죽은 사포,
제식과 지어낸 예배를 모욕하면서 아름다운 몸을
어느 난폭한 자에게 최고의 먹잇감이 되게 했다.
그 자의 교만이 불신앙을 범한 것이다.
신성모독을 하던 날 죽은 사포.

그 시절 이후로 레스보스는 통탄하고 있고,
그녀에게 세계가 보내는 경의에도 불구하고,
레스보스는 황량한 해안가들이 그 둘을 향해
내지르는 소요의 아우성에 취한다.
그 시절 이후로 레스보스는 통탄하고 있다!

형벌을 받은 여인들: 델핀과 이폴리트*

시들시들한 등불들의 창백한 빛을 받으며,
향수가 완전히 배어든 깊은 쿠션들 위에서,
이폴리트는 자신의 젊은 천진함을 드러내게 해줄
강력한 애무를 꿈꾸고 있었다.

그녀는 폭풍 때문에 불안한 눈으로,
천진난만의 이미 먼 하늘을 찾고 있었다.
아침에 지나온 파란 지평선을 향해
고개를 다시 돌리는 여행자처럼.

약해진 눈의 태만한 눈물,
기진맥진한 분위기, 혼미상태, 침울한 관능,

* 하필 왜 이 두 이름인지, 플레야드 판 보들레르 전집 주해에서는 타마라 바심의 『보들레르와 여인 Baudelaire et la Femme, Neuchâtel, La Baconnière, 1974, p. 193)을 인용하며 해설한다. 당대 독자들에게는 마담 드 스탈의 소설 제목으로 더 친숙한 '델핀'은 프로방스 지방에서 1283년에 태어나 1360년에 죽은 델핀 드 글랑데브를 바심은 떠올린다. "성스런 백작부인"이라고 불리던 그녀는 결혼 후 남편의 동의하에 처녀성을 간직하고, 후에 천복을 누린다고 공언한 인물이다. 이폴리트(그리스어로는 히폴리투스)는 남성들을 피해 살았던 아마조네스의 여왕임을 상기시키는데, 전설에 따르면, 헤라클레스에게 포로로 잡혔다가 테세우스의 아내가 되는 인물이다. 이 두 사람의 결합은 사회의 규범적 조건들과는 상반된 것이므로, 보들레르의 사회 규범에 대한 도전으로 해석되고 있다.

덧없는 무기처럼 던져진 패배한 팔들,
모든 것이 사용되었고, 모두 다 취약한 아름다움처럼 보였다.

그녀의 발아래 기쁨에 겨워 조용히 누워 있는 델핀은,
붙잡은 포로에게 우선 표시를 해놓고 나서
그 포로를 감시하는 강한 동물처럼,
열에 들뜬 눈으로 이폴리트를 바라보았고,

가녀린 미녀 앞에서 무릎 꿇고 있는 강한 미녀,
멋진 델핀은 승리의 포도주를 관능적으로 들이마셨고,
마치 달콤한 감사를 받아들이려는 듯
이폴리트 쪽으로 몸을 쭉 뻗었다.

창백한 희생자의 눈 속에서,
쾌락이 노래하는 말없는 찬가와,
긴 한숨처럼 눈꺼풀에서 나오는
무한하고 숭고한 감사를 찾아보고 있었다.

― "이폴리트, 내 소중한 사랑, 어떻게 생각하니?
시들어버리게 할 수 있을 난폭한 숨결에
너의 첫 장미들을 신성한 전번제로
바치지 말아야 한다는 것을 이제 이해하니?

나의 입맞춤들은
저녁에 투명한 호수를 어루만지는 하루살이들처럼 가볍고,
네 연인의 입맞춤들은
수레나 찢어놓는 보습처럼 자국을 낼 것이며,

무자비한 발굽의 말과 황소를 매단 무거운 멍에처럼
네 위로 지나갈 텐데…
이폴리트, 나의 누이여! 그러니 네 얼굴을 돌려라,
너, 내 영혼이며 내 마음, 내 모든 것이며 내 반쪽,

쪽빛 창공과 별들로 가득한 네 눈을 나에게로 돌려!
신성한 향기, 그 매력적인 시선들 중 하나를 위해,
더 알려지지 않은 쾌락들의 돛을 내가 올릴 것이고,
내가 너를 끝없는 꿈속에 잠재울 것이다!"

하지만 이폴리트는 그 때 그 젊은 머리를 들어 올리면서
—"나는 전혀 배은망덕하지도 않고, 후회도 안 합니다,
나의 델핀, 나는 밤에 먹은 끔찍한 식사 후처럼
고통스럽고 불안합니다.

핏빛 지평선이 사방에서 닫아놓는
움직이는 길들로 나를 이끌어가고 싶어 하는

어수선한 유령들의 시커먼 무리와 무거운 공포들이
내 위로 무너져 내리는 것을 나는 느낍니다.

그렇다면 우리는 이상한 행위를 저지른 것일까?
할 수 있다면 내 혼란과 내 경악을 설명해봐.
네가 나에게 '나의 천사!'라고 말할 때 나는 두려움으로 떨고
그러면서도 나는 내 입이 너에게로 가는 것을 느낀다.

나를 그렇게 쳐다보지 마, 너, 나의 생각이여,
내가 영원히 좋아하는 너, 내가 선택한 자매,
네가 가로막힌 함정이 될지라도,
내 파멸의 시작이 될지라도!"

델핀은 자신의 비극적인 머리카락을 흔들어대면서,
쇠로 된 삼각대 위에서 발을 구르는 것처럼,
비운의 눈과 위압적인 목소리로 대답한다.
─ "도대체 누가 감히 사랑 앞에서 지옥을 얘기하겠니?

가장 어리석어서,
해결할 수 없는 비생산적인 문제에 몰두하여,
사랑과 관계된 일에 교양을 섞으려 하는 쓸데없는 몽상가에게
영원히 저주가 내리기를!

신비로운 조화 속에서
어둠과 열기, 밤과 낮을 결합시키려 하는 자는,
사랑이라 명명된 그 붉은 태양으로는
자신의 마비된 몸을 결코 덥히지 못하리라!

네가 원한다면, 가서 멍청한 약혼자를 찾아보라,
그의 잔인한 입맞춤에 순결한 마음을 바치러 달려가라,
그러면 너는 후회와 공포로 가득 차서, 납빛이 되어,
상처가 흔적으로 남은 네 가슴을 내게 다시 가져오리라.

이 땅에서는 단 하나의 주인밖에 만족시킬 수 없다!"
하지만 아이는 엄청난 괴로움을 털어놓으며 불쑥 소리쳤다.
"내 존재 안에서 벌어진 심연이 넓어져가는 것이 느껴지고,
그 심연은 내 마음이며,

화산처럼 불타오르고, 허공처럼 깊은데,
그 무엇도 그 신음하는 괴물을 충족시키지 못할 테고,
횃불을 손에 쥐고서 그 괴물을 피까지 불태우는
에우메니데스*의 갈증도 해갈시키지 못할 것입니다.

---

* 그리스어로는 '자비의 여신들'이라는 뜻인데, 회한의 여신들 또는 복수의 여신
들로 불리기도 한다. 정의와 처벌을 상징한다.

우리의 닫아놓은 커튼들이 세계와 우리를 갈라놓고,
피로가 휴식을 가져다주기를!
나는 당신의 깊숙한 목구멍 속에서 나를 소멸시키고,
당신의 가슴에서 무덤의 선선함을 찾아내고 싶습니다."

내려와라, 내려와라, 가련한 희생자들이여,
영원한 지옥의 길을 내려와라,
하늘에서 오는 게 아닌 바람에 매질 당하는 모든 죄들이
폭풍우 소리와 마구 뒤섞여 부글부글하는

구렁의 가장 깊은 곳으로 떨어져라,
미친 그림자들이여, 너희의 욕망들의 과녁으로 달려라,
너희들은 자신의 격분을 결코 만족시킬 수 없고,
너희의 징벌은 너희들의 쾌락으로부터 생겨나리라.

신선한 빛줄기는 단 하나도 너희 동굴들을 비추지 않을 것이며,
벽의 틈새들을 통해 열기에 찬 악취들이
초롱들처럼 타오르며 새어나와서
끔찍스런 냄새가 너희들의 몸에 뚫고 들어간다.

너희의 향유의 쓰라린 불모성이
너희의 갈증을 목마르게 하고, 피부를 뻣뻣하게 만들며,

색욕의 맹렬한 바람이 너희들의 살을
낡은 깃발처럼 기진맥진하게 만든다.

떠돌아다니고, 처벌받은 살아 있는 사람들로부터 멀리,
황야들을 가로질러서 늑대처럼 뛰어다녀라,
무질서한 영혼들이여, 너희의 운명에 자신을 맡기고,
너희 안에 지니고 있는 무한성을 피하라!

선량한 자매

'방탕'과 '죽음'은 사랑스런 딸들이다.
입맞춤을 낭비하고, 건강도 풍요로우나,
누더기로 둘러싼 태내(胎內)는 영원한 노고 하에서도
아이를 낳은 적이 결코 없다.

가족들의 원수, 지옥의 애호자,
연금도 잘 받지 못하는 궁신(宮臣)인 음울한 시인에게,
무덤들과 사창가들이 정자 아래에서
회한이 결코 드나든 적 없는 침대를 보여준다.

풍부한 신성모독의 말들로 된 관(棺)과 규방이
마치 선량한 자매들처럼, 우리에게 돌아가면서
끔찍한 쾌락과 참혹한 달콤함을 제공한다.

추잡한 팔에 안긴 '방탕'이여, 너는 언제 나를 파묻으려는 거니?
매력의 경쟁자, 오 '죽음'이여, 너는
네 검은 실편백들* 사이의 고약한 도금양에게 언제 오려는 거니?

———
* 고대인들이 애도의 상징으로 묘지에 심었던 데서 유래하여 죽음을 뜻하기도
한다.

알레고리

그녀는 자기 포도주에 머리카락이 늘어져도 놔두는,
목둘레가 풍만한 아름다운 여인이다.
그녀의 화강암 같은 피부에서는 모든 것이 미끄러지고,
모든 것이 무뎌진다. 사랑의 발톱, 도박장의 독, 모든 것이.
그녀는 '죽음'에 웃어대고, '방탕'을 비웃는데,
그 괴물들의 손은 파괴적인 장난을 치며
긁어대고 베어버리는데, 그렇지만 그 단단하고
꼿꼿한 몸의 만만치 않은 위엄은 존중해주었다.
그녀는 여신처럼 걷고, 터키군주의 왕비처럼 쉬며,
그녀의 가슴을 품어주는 벌린 팔에 대해,
쾌락에 대해 회교도적인 신앙을 갖고 있으며,
눈으로 인간 족속을 불러대고,
생식력은 없으나 그럼에도 세상 돌아가는 데
꼭 필요한 처녀이며, 몸의 아름다움이
그 온 치욕으로부터 용서를 뜯어내는
최고의 선물이라는 것을 믿고 알며,
'지옥'을 '속죄의 장'으로는 알지 못하고,
시커먼 '밤'으로 들어갈 시간이 되면
'죽음'의 얼굴을 하나의 신생아처럼 보게 되리라.

— 증오도 없고 회한도 없이.

뱀파이어의 변신

그런데 여인은 딸기 같은 입으로,
잉걸불 위의 뱀처럼 몸을 꼬며,
쇠로 된 가슴살대에 자기 가슴을 짓이기고,
사향이 폭 배어든 말들을 흘려보내고 있었다.
— "나, 나는 촉촉한 입술을 갖고 있고, 침대 깊숙한 데서
고리타분한 양심을 잃는 기술을 알고 있다.
나는 승리에 찬 가슴 위에서 모든 눈물을 말리고,
노인들을 아이들처럼 웃게 만든다.
덮은 것 없이 나체로 있는 나를 보는 이에게,
나는 달, 태양, 하늘, 별을 대신한다!
친애하는 학자여, 나는 관능에 너무 박식해서,
내 부드러운 팔로 한 남자를 꽉 조일 때나,
내 젖가슴을 물어뜯도록 내버려둘 때면,
수줍으면서도 자유분방하고, 연약하면서도 튼튼하여,
흥분으로 몽롱해지는 그 매트리스 위에서는
무능한 '천사들'도 나 때문에 지옥에 떨어질 것이다!"

그녀가 내 뼈의 골수를 빨아먹고 나서, 내가 기운 없이
몸을 돌려 사랑의 입맞춤을 돌려주려 할 때,

그녀의 끈적끈적한 옆구리에서 보이는 거라고는
온통 고름뿐인 가죽부대!
나는 냉랭한 공포 속에 두 눈을 감아버렸고,
생생한 빛에 눈을 다시 떴을 때,
내 곁에는 피를 비축한 듯 막강한 마네킹 대신,
뼈다귀 잔해들이 어지러이 떨고 있었으며,
겨울 밤 동안 바람이 흔들어놓는 풍향계나
쇠 삼각대 끝에 걸쳐있는 간판처럼,
그들은 날카로운 소리를 내고 있었다.

키티라 섬으로의 여행

내 마음은 새처럼 몹시 즐거워하며 파닥파닥,
밧줄들 주위로 자유로이 날아다녔고,
선박은 구름 없는 하늘 아래서
찬란한 햇빛에 취한 천사처럼 미끄러져갔다.

이 처량하고 시커먼 섬은 뭐지?
"키티라 섬, 노래들 속의 유명한 고장,
모든 노총각들의 평범한 엘도라도."라고들 말한다.
"아무튼 보시라, 초라한 땅이다."

달콤한 비밀들과 마음의 축제들의 섬!
고대 '비너스'의 멋진 유령이
너의 바다 그 위로 향처럼 감돌고,
정령들에게 사랑과 번민을 싣는다.

꽃들이 잔뜩 피어 있는 초록빛 도금양들이 있고,
온 국가가 영원히 숭배하고,
장미 정원에 감도는 향이나
비둘기의 구구거리는 소리처럼,

경배하는 마음들의 한숨이 떠도는 아름다운 섬!
— 이제 키티라는 그저 빈약한 토양,
날카로운 외침소리에 동요된 자갈투성이 황야일 뿐.
그럼에도 나는 특이한 사물 하나를 엿보았는데,

그것은 꽃을 사랑하는 젊은 여사제가
남모르는 열기에 불타는 몸으로
지나가는 미풍에 자신의 옷을 방긋 열어놓은 채 가는
작은 숲 그늘의 신전이 아니라,

실편백처럼, 하늘에서 검게 뚜렷이 드러나는
나뭇가지 세 개로 된 교수대였다.
우리는 해안을 꽤 가까이 지나가느라
하얀 돛들로 새들을 혼란케 하다가 그걸 보았다.

먹이 위에 앉은 흉포한 새들은 이미 익어버린
처형당한 자를 맹렬히 파괴하고 있었고,
그 썩은 것에서 피 흘리는 온갖 구석들에다
새들이 각자 불순한 주둥이를 도구처럼 박고 있어서,

눈들은 두 개의 구멍이 되었고, 무너진 복부에서는
묵직한 창자들이 넓적다리 위로 쏟아져 흘렀으며,

흉측한 진미를 목에 가득 채운 그 형리들은
그를 부리로 쪼아서 완전히 거세시켜버렸다.

발아래에는 질투하는 네 발 짐승 무리가,
주둥이를 치켜 올리고서 빙빙 돌며 배회하였고,
가운데 있던 가장 큰 짐승은
조수들에 둘러싸인 집행관처럼 동요하고 있었다.

키티라의 주민, 그토록 아름다운 하늘의 아이, 너는
그 파렴치한 종교의식들과
네게 무덤마저 금지한 죄들에 대한 속죄로서
그 모욕들을 조용히 견디고 있었다.

우스꽝스런 사형자여, 네 괴로움은 내 괴로움이다!
너의 너덜너덜한 사지를 보니, 오래 전부터 있던
괴로움의 쓰디쓴 물이 긴 강이 되어
구토처럼 내 이빨로 올라오는 게 느껴졌고,

너무도 소중한 추억에 끼어든 불쌍한 녀석,
너를 보며 나는 예전에 내 살을
그토록 빨아대기 좋아하던 끈질긴 까마귀들과
검은 표범들의 부리와 아가리를 죄다 느꼈다.

— 하늘은 매력적이고, 바다는 평온했는데,
그 이후로 나한테는 모든 것이 시커멓고 핏빛이었으며,
아아! 나는 두터운 수의를 입고 있는 것처럼,
그 알레고리에 마음이 파묻혀 있었다.

오 비너스여! 너의 섬에서, 나는 서 있는 채 그저
내 이미지가 매달려 있는 상징적인 교수대만 발견했을 뿐.
— 아! 주여! 내 마음과 내 몸을
역겨움 없이 바라볼 힘과 용기를 주시옵소서!

반항

Ch. Baudelaire

아벨과 카인

I

아벨 족속이여, 자라, 마셔라, 먹어라.
신이 네게 호의적으로 미소 짓는구나.

카인 족속이여, 진창 속에서
기어 다니고, 비참하게 죽어라.

아벨 족속이여, 너의 제물이
육익(六翼)천사의 코를 즐겁게 하는구나!

카인 족속이여, 너의 형벌은
과연 끝이 있을까?

아벨 족속이여, 너의 파종과
가축이 잘 되는 것을 보라,

카인 족속이여, 너의 뱃속이
늙은 개처럼 배고파서 으르렁댄다.

아벨 족속이여, 족장의 집에서
너의 배를 덥혀라,

카인 족속이여, 네 소굴에서
추위로 떨어라, 불쌍한 재칼!

아벨 족속이여, 사랑하고 번성하라,
너의 황금은 자식들도 만드나니.

카인 족속, 불타는 마음이여,
그 큰 욕구들을 조심하라.

아벨 족속이여, 너는 성장하여
투구풍뎅이들처럼 뜯어먹는구나!

카인 족속이여, 네 가족이 궁지에 몰려
길에서 어슬렁거리는구나.

II

아! 아벨 족속이여, 너의 썩은 시체는

김이 나는 땅을 기름지게 할 것이다!

카인 족속이여, 너의 일은
충분히 행해지지 않았고,

아벨 족속이여, 너의 부끄러움은
쇠로 된 무기가 막대기창에 패한 것이로구나!

카인 족속이여, 하늘로 올라가서
땅에다 '신'을 내던지는구나!

사탄의 신도송(信徒頌)

오, '천사들' 중에서 가장 박식하고 가장 아름다운 너,
운명에 의해 배반당하고, 찬사를 박탈당한 신,

　　오 사탄이여, 나의 기나긴 비참함을 측은히 여겨주소서!

오, 사람들이 부당하게 피해를 줘도, 그리고 패하여도
언제나 더 강하게 다시 일어서는 유배지의 '왕자'여,

　　오 사탄이여, 나의 기나긴 비참함을 측은히 여겨주소서!

모든 것을 아는 너, 지하세계에 속한 것들의 위대한 왕,
인간의 불안들에 친숙한 치료사,

　　오 사탄이여, 나의 기나긴 비참함을 측은히 여겨주소서!

심지어 나병환자들에게도, 배척당하는 천민들에게도
사랑으로 '천국'의 맛을 가르치는 너,

　　오 사탄이여, 나의 기나긴 비참함을 측은히 여겨주소서!

오, 너의 늙고 강한 연인인 '죽음'으로부터
매력적인 미치광이인 '소망'을 낳았던 너!

오 사탄이여, 나의 기나긴 비참함을 측은히 여겨주소서!

처형대 주위의 사람들 전체를 영벌에 처하는
그 차분하고 도도한 눈길을 추방된 자에게 보내는 너,

오 사탄이여, 나의 기나긴 비참함을 측은히 여겨주소서!

부러움 받는 땅들의 어느 구석에,
질투 많은 신이 보석들을 숨겨놓았는지 아는 너,

오 사탄이여, 나의 기나긴 비참함을 측은히 여겨주소서!

수많은 금속들이 파묻혀 잠자고 있는 깊숙한 병기고들을
그 밝은 눈으로 알고 있는 너,

오 사탄이여, 나의 기나긴 비참함을 측은히 여겨주소서!

건조물들 가장자리에서 헤매는 몽유병자에게
그 넓적한 손으로 낭떠러지들을 감추는 너,

오 사탄이여, 나의 기나긴 비참함을 측은히 여겨주소서!

말들이 짓밟은 술 취한 지체장애자의 늙은 뼈들을
마법처럼 유연하게 만드는 너,

　오 사탄이여, 나의 기나긴 비참함을 측은히 여겨주소서!

고통스러워하는 허약한 남자를 위로하기 위해
우리에게 초석(礎石)과 유황 섞는 법을 가르쳐준 너,

　오 사탄이여, 나의 기나긴 비참함을 측은히 여겨주소서!

냉혹하고 비루한 크로이소스의 이마에,
오 치밀한 공범이여, 네 표식을 하는 너,

　오 사탄이여, 나의 기나긴 비참함을 측은히 여겨주소서!

아가씨들의 눈과 마음에
상처에 대한 숭배와 누더기에 대한 사랑을 집어넣는 너,

　오 사탄이여, 나의 기나긴 비참함을 측은히 여겨주소서!

추방당한 자들의 지팡이, 발명가들의 램프,
교수형당하는 자들과 음모자들의 고해신부,

오 사탄이여, 나의 기나긴 비참함을 측은히 여겨주소서!

하느님 아버지가 격분하여
지상의 '낙원'으로부터 쫓아낸 자들의 양아버지,

오 사탄이여, 나의 기나긴 비참함을 측은히 여겨주소서!

죽음

Ch. Baudelaire

연인들의 죽음

가벼운 향기가 가득한 침대들,
무덤처럼 깊숙한 소파들,
아주 아름다운 하늘 아래서 우리를 위해 활짝 핀
선반 위의 이상한 꽃들을 우리는 갖게 되리라

그들의 마지막 열기를 앞 다투어 사용하면서,
우리의 두 심장은 두 개의 거대한 횃불이 되어,
쌍둥이 거울 같은 우리의 두 정신 속에서
이중의 빛을 비출 것이다

장밋빛과 신비스런 파란빛이 어우러진 어느 저녁,
작별의 서러움이 실린 긴 흐느낌처럼,
우리는 독특한 빛을 교환하리라

나중에 한 '천사'가 와서 문을 살포시 열어
기쁨으로 즐거워하며,
흐릿해진 거울들과 죽은 불길을 살리리라

가난한 자들의 죽음

아아! 위로해주고 살게 해주는 것은 '죽음'이고,
묘약처럼 우리를 높여주고, 우리를 취하게 하고,
우리에게 저녁까지 걸을 용기를 주는 것은
인생의 목표이고, 유일한 희망이며,

그것은 폭풍과 눈과 서리를 가로지르면
우리의 검은 지평선에서 진동하는 밝음이고,
그것은 우리가 먹고 자고 앉을 수 있으며,
책에 기록되어 있는 유명한 여인숙이고,

그것은 자기(磁氣)를 띤 손가락들 속에
잠과 황홀한 꿈이라는 선물을 쥐고 있고,
가난하고 헐벗은 사람들의 침대를 정돈하는 '천사'이다.

그것은 '신들'의 영광이고, 신비로운 곳간이고,
그것은 가난한 자의 돈주머니이고, 그의 오랜 조국이고,
그것은 미지의 '하늘'로 열린 주랑(柱廊)이다!

어느 호기심장이의 꿈

F. N.에게*,

너도 나처럼 맛있는 괴로움을 알고 있고,
너에 관해 "오! 특이한 사람!"이라고 말하게 만드니?
— 나는 죽으려 했다. 사랑에 빠진 내 영혼 속에서,
그것은 특별한 아픔, 끔찍함이 섞인 욕망이었고,

불안과, 선동적인 성질이 없는 격한 희망이었다.
그 숙명적인 모래시계가 비어갈수록,
내 고문은 더욱 가혹하고 감미로웠으며,
내 온 마음은 친숙한 세계에서 떨어져 나왔다.

나는 사람들이 장애물을 증오하듯 커튼을 증오하면서,
볼거리에 굶주린 아이 같았는데…
마침내 차가운 진실이 모습을 드러냈다.

---

* Félix Nadar의 약자. 보통 간단히 Nadar(나다르)라고 불리는 인물로서 실명은
펠릭스 투르나숑(Félix Tournachon, 1820-1910)이다. 보들레르와는 1844년부터
친구 사이가 되었고, 1859년에 와서야 친해져서 말을 놓게 된다.

나는 놀랄 여지없이 죽어 있었고, 끔찍한 서광이
나를 감싸고 있었다. — 아니 뭐! 그것뿐이라고?
커튼이 올라가 있었고, 나는 아직 기다리고 있었다.

여행

막심 뒤 캉*에게,

I

지도와 판화를 좋아하는 아이에게
우주는 그의 거대한 욕구와 맞먹는다.
아! 램프 불빛에 보면 세계는 어찌나 큰지!
추억의 눈에는 세계가 어찌나 작은지!

어느 날 아침, 머릿속은 불길로 가득하고,
마음은 쓰라린 원한과 욕망으로 무거운 채 출발하여,
파도의 리듬을 따르고,
바다의 유한함에 우리의 무한함을 싣고 흔들며 가는데,

어떤 이들은 비열한 조국을 도망치는 것이 즐겁고,
어떤 이들은 자신의 요람에 대한 공포를 피하는 것이 즐겁고,

---

* Maxime du Camp (1822~1894). 프랑스의 자유기고가, 사진작가, 학술원 회원
이었다. 보들레르, 플로베르, 고티에 등과 친구 사이였다. 여행을 매우 좋아하여
근동, 아프리카 등지를 많이 다녔으며, 플로베르의 『마담 보바리』가 연재되었던
〈르뷔 드 파리〉지(誌)의 설립자 다섯 명 중 하나였다.

몇몇 점성가들은 위험한 향기를 풍기는
폭군적인 키르케*인 한 여인의 눈에 푹 빠져 있다.

그들은 짐승들로 변하지 않았으므로,
공간에, 빛에, 작열하는 하늘에 취하고,
그들을 물어뜯는 얼음, 그들을 구릿빛으로 만드는 태양이
입맞춤들의 표식을 서서히 지워버린다.

허나 진정한 여행자는 그저 떠나려고 떠나는 자가 아닐까?
풍선과도 같이 가벼운 마음으로,
자기네 숙명과는 결코 멀어지지 않으면서도,
왜 그런지 알 수 없으나 언제나 "갑시다!"라고 말하는 자들.

그런 자들의 욕망은 구름의 형체를 띠고 있고,
신병이 대포를 꿈꾸는 것처럼
인간의 정신이 결코 이름을 알지 못했던,
변화하고 알 수 없는 방대한 쾌감들을 꿈꾼다!

---

* 고대 그리스어로 '포식성(捕食性) 맹금'이란 뜻의 키르케는 그리스 신화 속 인물로, 매우 막강한 마녀이며, 호메로스는 "특히 변신에 사용되는 다양한 독을 다루는 전문가"라고 묘사하였다. 태양신 헬리오스와 오케아니아 페르세이스 사이에서 태어난 딸이다.

II

끔찍해라! 우리는 팽이와 공이
회전하고 튀어 오르는 것을 흉내 내고 있고,
심지어 자면서도 행성들을 채찍질하는
잔인한 '천사'처럼 우리를 괴롭히고, 우리를 굴린다.

과녁이 자리를 옮기고,
그 어디에도 있지 않으므로 아무데나 있을 수 있고,
소망이 결코 싫증내지 않는 '인간'이
휴식을 찾기 위해 늘 미치광이처럼 달리는 이상한 운(運)!

우리의 영혼은 자신의 이카리아*를 찾아다니는 돛 세 개짜리 범선,
한 목소리가 갑판에서 울려 퍼진다. "눈을 떠라!"
장루(檣樓)에서 열렬하고 미친 목소리가 외쳐댄다.
"사랑⋯ 영광⋯ 행복!" 지옥이야! 그건 암초야!

망보는 남자가 신호로 알린 각각의 작은 섬은

---

* 에게 해 동쪽에 있는 그리스 섬. 섬 이름의 어원에 관한 여러 가지 설들 중 하나
는 다이달로스의 아들 이카로스가 이 섬 근처에서 떨어져서 그렇다는 것인데,
가장 널리 알려져 있는 해석이다.

'운명'이 약속한 '엘도라도'이고,
그의 통음난무를 길들이는 '상상'은
아침햇살을 받으며 그저 이야기 하나만 찾아낼 뿐.

오 가공의 고장들을 사랑하는 불쌍한 자!
신기루가 나락을 더 쓸쓸하게 만들어버린
아메리카의 발명가인 그 술 취한 뱃사람을
쇠사슬에 묶어 바다에 던져야만 하는 걸까?

늙은 방랑자처럼, 진창에서 동동거리며,
고개를 쳐들고, 번쩍이는 낙원을 꿈꾸고,
마법에 걸린 눈은, 촛불이 누추한 집을
환히 비추는 그 어디서나 카푸아*를 발견한다.

III

놀라운 여행자들! 바다처럼 깊은 당신의 눈 속에서
우리는 어찌나 고상한 이야기들을 읽고 있는지!

---

* 이탈리아 중부 캄파니아 지방에 있는 도시. 그런데 고대 카푸아는 현재의 카푸아로부터 남동쪽으로 5킬로미터 떨어진 곳에 위치했다. 에트루리아인들이 건설했다는 기록이 있다.

우리에게 당신의 풍부한 기억들의 보석상자들,
별들과 정기(精氣)로 만들어진 경이로운 보석들을 보여주시오.

우리는 증기선도 범선도 없이 여행하고 싶다!
우리 감옥들의 권태로움을 흥겹게 만들도록,
피륙처럼 펼쳐진 우리의 정신에
그들의 지평선 테두리와 함께 당신들의 추억을 통과시키시오.

말해보시오, 무엇을 보았는지?

IV

　　　　"우리는 별들과 물결들을 보았고,
우리는 모래들도 보았으며,
숱한 충격과 예기치 못한 재난들에도 불구하고,
우리는 여기서처럼 자주 지루했다.

보랏빛 바다 위 태양의 영광,
저물녘 태양 속 도시들의 영광이
우리들 마음속에, 매혹적인 반사광의 하늘에
풍덩 빠지고 싶은 불안한 불길을 켜놓았다.

가장 부유한 도시들, 가장 대단한 풍경들도,
구름들이 우연히 만들어내는 것들의
신비로운 매력을 결코 담고 있지 못했고,
욕망은 늘 우리를 동요케 하곤 했다!

— 향유는 욕망에 힘을 더해주고,
욕망, 그 늙은 나무에 쾌락이 비료로 쓰이므로,
네 껍질이 커지고 딱딱해지고 있는데도,
네 가지들은 태양을 더 가까이서 보고 싶어 한다!

실편백보다 더 강인한 큰 나무야, 너는 여전히 자랄 거니?
— 그런데 우리는 당신들의 탐욕스런 앨범을 위해
정성스레 몇몇 크로키를 따왔지요,
멀리서 온 것은 모든지 아름답다고 여기는 형제들이여!

떠들썩한 우상들에게,
빛나는 보석들로 뒤덮인 권좌들에게.
은행가들로서는 파산을 초래하는 꿈일
요정의 나라같이 화려하게 공들인 궁궐들에게,

눈을 취하게 만드는 의상들,
이빨과 손톱을 물들인 여인들,

뱀이 애무하는 조예 깊은 곡예사들에게
우리는 경의를 표했다."

V

그리고 그 다음에는 또 뭐?

VI

"오 유치한 뇌들이여!
중대한 것을 잊지 않기 위해,
우리는 그러려 하지 않았으나 그 어디서나 보았다,
숙명적인 사다리의 꼭대기에서부터 맨 아래까지,
불멸의 죄의 지루한 광경을.

농담 없는 자기숭배, 역겨움 없는 자기애에 빠진
비루하고 교만하며 어리석은 노예, 여자,
노예의 노예, 하수구의 도랑,
게걸스럽고 음탕하고 냉혹하고 탐욕스런 폭군, 남자,
즐기는 형리, 흐느끼는 순교자,

피가 맛을 돋우고 향기롭게 하는 축제,
전제군주를 흥분시키는 권력의 독과
우둔하게 만드는 회초리를 좋아하는 백성,

우리 종교와 비슷한 여러 종교들,
모두 하늘로 기어오르는데, '성스러움'은
까다로운 자가 깃털 침대에서 뒹구는 것처럼,
관능을 찾으려는 못들과 갈기 속에서 뒹군다.

자신의 재능에 취한 수다스런 '인류'는
예전에도 그랬던 것처럼 지금도 미쳐서,
노기등등한 단말마 속에서 '신'에게 외친다.
"오 나의 동류, 오 나의 스승, 나는 너를 저주한다!"

그나마 가장 덜 어리석은 자들은 '정신착란'을 과감히 좋아하여,
'운명'이 몰아놓은 큰 무리를 피하고,
어마어마한 마약 속으로 피신한다!
— 이러한 것들이 지구 전체의 영원한 명세서이다."

VII

쓰라린 지식, 여행에서 얻어지는 것!
오늘 단조롭고 시시한 세계가
어제, 내일, 언제나 우리에게 우리의 모습을 보게 해주는데,
그건 지루함이라는 사막에서 만나는 끔찍함이라는 오아시스!

떠나야 할까? 머물러야 할까? 머물 수 있다면, 머물러라,
떠나야 한다면 떠나라. 어떤 자는 달리고, 어떤 자는 웅크린다,
늘 지키고 있는 불길한 적, '시간'을 속이기 위해!
아아! 쉼 없이 달리는 자들이 있다,

떠돌아다니는 유태인처럼, 사도(使徒)들처럼.
그런 자들에게는 기차도 선박도, 그 무엇도 충분치 않다.
그 비열한 망투사(網鬪士)를 피하기 위해.
자신의 요람을 떠나지 않고도 그 자를 죽일 줄 아는 이들이
있다.

마침내 그가 우리 등뼈 위에 발을 디디게 될 때,
우리는 희망하고 외칠 수 있을 것이다. 전진!
먼 바다를 뚫어져라 바라보고 머리카락을 바람에 휘날리며
예전처럼 우리는 중국을 향해 출발할 것이고,

젊은 승객다운 즐거운 마음으로
'암흑'의 바다에서 배에 올라탈 것이다.
매력적이면서도 불길한 목소리의 노래가 들리나요?
"향기로운 '연꽃'을 먹고 싶어 하는 당신,

이쪽으로! 바로 여기가 당신의 마음이 굶주려하는
기적적인 과일들이 수확되는 곳입니다.
결코 끝나지 않는 오늘 오후의
이상한 색깔에 취하러 오시렵니까?"

그 친숙한 억양에 우리는 유령일 거라고 짐작하는데,
우리의 필라데스*들이 거기서 우리에게 팔을 벌린다.
"네 마음에 생기를 주려면 너의 엘렉트라에게로 헤엄쳐가라!"
우리가 예전에 무릎에 입을 맞추었던 여인이 말했다.

---

* 그리스 신화에 등장하는 인물로서, 고대 그리스 중부 지역인 '포키스'의 왕 스트로피오스와 아가멤논의 누이 아낙시비아 사이에서 태어났다. 그러므로 오레스테스와는 사촌간인데, 아버지가 살해된 후 오레스테스의 집에서 살게 되며, 두 영웅의 우정은 돈독하고 지속적이었다.

VIII

오 '죽음', 늙은 선장이여, 시간이 되었다! 닻을 올리자!
이 나라는 지루하다, 오 죽음이여! 출범준비를 하자!
하늘과 바다가 먹물처럼 검다면,
네가 아는 우리의 마음들은 빛줄기들로 가득하다!

너의 독이 우리를 기운 차리게 하도록 부어라!
이 불이 우리 뇌를 태우니, 나락 깊숙한 곳에 잠기고 싶구나.
지옥이건 천국이건 뭐가 대수냐?
새로운 것들을 발견하기 위해 '미지의 것' 깊숙한 데로!

1866년 판본에 추가된 시들

Ch. Baudelaire

낭만적인 석양

'태양'이 마치 폭발을 하듯 우리에게 자신의 행복을 던지며
아주 신선한 모습으로 일어날 때면, 어찌나 아름다운지!
— 꿈보다 더 영광스런 일몰에 사랑을 담아
인사할 수 있는 자는 행복하도다!

나는 기억한다!… 꽃, 샘물, 밭고랑, 모든 것이
팔딱거리는 심장처럼 태양의 눈 아래서 혼절하는 것을…
— 지평선으로 달려가자, 늦었다, 얼른 달리자,
최소한 비스듬한 빛줄기라도 붙잡기 위해!

하지만 물러나는 그 '신'을 내가 쫓아가봤자 소용없고,
거역할 수 없는 '밤'*이 검고, 축축하고, 흉흉하고,
오한이 가득한 제국을 세우고,

암흑 속에서는 무덤 냄새가 떠다니고,
두려움에 찬 내 발은 늪가에서

———
* 당시의 문학 현황을 가리키는 것으로 해석된다.

예견치 못한 두꺼비들과 차가운 달팽이들*을 다치게 한다.

---

* "예견치 못한 두꺼비들과 차가운 달팽이들"은 보들레르와 다른 유파의 문인들을 가리킨다. 좀 더 정확히 하자면, 사실주의자들을 가리키는데, 1857년 재판 때 그는 사실주의자들로 오인되었고, 이것이 그가 사실주의자들을 싫어하는 이유 중의 하나이기도 하다.

분수

네 아름다운 눈이 지쳐있구나, 불쌍한 연인!
쾌락이 너를 불쑥 찾아왔던
그 무기력한 자세로 그대로 있으면서
눈을 다시 뜨지 말고 오래 있어라.

뜰에서는 분수가
밤낮으로 졸졸대며 입 다물지 않고
부드러이 황홀경을 조성하여
오늘 저녁 나는 사랑을 깊이 품었다.

숱한 꽃들이
만발한 꽃다발,
기뻐하는 포이베*가 그 꽃다발에
자신의 색깔들을 부여하고,
넉넉한 눈물이 그 꽃다발에
비처럼 떨어진다.

---

* 헬리오스와 클리메네의 딸들 중 하나이며, 파에톤의 누이들 중 하나이기도 하다. 파에톤이 죽자, 이 누이들은 너무 슬퍼서 한없이 우는 바람에 이를 본 신들이 눈물은 호박(琥珀)으로, 그녀들은 포플러나무 또는 오리나무로 바꾸어버렸다는 이야기가 전해져 내려온다.

그렇게 쾌락의 타오르는 섬광이
불 질러놓는 네 영혼은
매혹적인 광대한 하늘을 향해
빠르고 과감하게 솟아오른다.
이어서 그 섬광은 죽어가며,
처량한 무력감이 물결처럼 흘러넘쳐
보이지 않는 비탈을 통해
내 마음 깊숙한 곳까지 내려온다.

   숱한 꽃들이
         만발한 꽃다발,
   기뻐하는 포이베가 그 꽃다발에
         자신의 색깔들을 부여하고,
   넉넉한 눈물이 그 꽃다발에
         비처럼 떨어진다.

오 밤이 너무나 아름답게 해주는 너,
너의 가슴에 기대어
연못의 흐느끼는 탄식을 듣는 것이
어찌나 달콤한지!
달, 졸졸거리는 물, 축복된 밤,
주위에서 바스락거리는 나무들,

너희들의 순수한 멜랑콜리가
내 사랑의 거울이다.

　　숱한 꽃들이
　　　　만발한 꽃다발,
　　기뻐하는 포이베가 그 꽃다발에
　　　　자신의 색깔들을 부여하고,
　　넉넉한 눈물이 그 꽃다발에
　　　　비처럼 떨어진다.

찬가

내 마음을 밝음으로 채우는
아주 소중한, 아주 아름다운 여인에게,
천사에게, 불멸의 우상에게,
불멸 속에서 안녕!

그녀는 소금에 스며드는 공기처럼
내 인생에 퍼지고,
만족을 모르는 내 영혼에
영원의 맛을 쏟아 붓는다.

소중한 골방의 공기를 향기롭게 하는
언제나 신선한 향주머니,
밤 내내 비밀스럽게 뿜어대는
잊고 있던 향로,

부패하지 않는 사랑이여,
어떻게 너를 진실하게 설명할 것인가?
내 영원성 깊은 곳에
보이지 않게 누워 있는 사향 알갱이여!

천사에게, 불멸의 우상에게,
나의 기쁨과 나의 건강을 만들어주는
아주 선량한, 아주 아름다운 여인에게
불멸 속에서 안녕!

목소리

나의 요람은 소설, 학문, 우화, 등
모든 것, 즉 로마의 재와 그리스의 먼지가 뒤섞여 있던
컴컴한 바벨, 도서관에 기대고 있었다.
나는 2절판 책처럼 높았는데,
두 목소리가 내게 말했다.
앙큼하면서도 확고한 한 목소리가 말했다.
"지구는 부드러움으로 가득한 케이크이고,
나는 너에게도 큰 식욕을 느끼게 할 수 있다."
(그 때 너의 즐거움은 한이 없을 거야!)
또 다른 목소리는 "이리 와, 오! 꿈속으로 여행하러 와,
가능한 것 너머로, 알려진 것 너머로!"라고 했다.
그러자 첫 번째 목소리가 모래사장의 바람처럼 노래했는데,
귀를 쓰다듬지만 오싹한,
어디서 왔는지 모르는 가냘픈 유령.
나는 네게 대답했다. "그래! 부드러운 목소리!"
아아! 바로 그 때 내 상처와
내 숙명이라 명명할 수 있는 것이 시작되었다!
거대한 존재의 장식들 뒤, 심연의 가장 어두운 곳에서
나는 특이한 세계들을 뚜렷이 보고,

황홀경에 빠진 내 통찰력의 희생자인 나는
내 신발을 물어뜯는 뱀들을 질질 끌고,
바로 그 때부터 나는 선지자들처럼
사막과 바다를 너무 애틋하게 좋아하여,
초상 치르면서도 웃고, 축제 속에서도 울며,
가장 쓰디쓴 포도주에서 그윽한 맛을 발견하고,
아주 흔히 사실들을 거짓으로 여기고,
눈을 들어 하늘을 보다가 구멍 속에 빠진다.
하지만 '목소리'가 나를 위로하며 말한다. "꿈들을 간직하라,
현자는 광인처럼 그렇게 아름다운 꿈들은 갖지 못하니까!"

예기치 못한 것

아르파공*이 임종을 맞는 자기 아버지를 지켜보고 있다가,
이미 하얗게 된 그 입술을 보고는 몽상에 잠겨 중얼거린다.
"내 생각에, 우리 창고에 낡은 널빤지들이
　　　넉넉히 있는 것 같은데?"

셀리멘**은 달콤한 말로 속삭인다. "내 마음은 착해서,
당연하게도, 신이 나를 아주 아름답게 만들어주었지."
— 그녀의 마음! 딱딱해지고, 햄처럼 훈연되고,
　　　영원한 불에 다시 구워진 마음!

자기를 횃불이라고 믿는 어느 몽롱한 잡지발행인이
자기가 암흑 속에 빠뜨려놓은 불쌍한 이에게 말한다.
"네가 찬양하는 그 '정의의 사자', 그 '아름다움'의 창조자를
　　　도대체 너는 어디서 알아보느냐?"

---

* 몰리에르의 『수전노』의 주인공. 부유한 홀아비로서, 혼기에 있는 두 딸, 클레앙트와 엘리즈가 있음에도 불구하고 그 자신도 마리안과 결혼할 생각을 한다.
**몰리에르의 『인간혐오자』에 등장하는 인물. 주인공 알세스트는 솔직함을 가장 큰 덕목으로 여김에도 불구하고 교태를 많이 부리는 셀리멘에게 푹 빠져 있다.

밤낮으로 입을 벌려 탄식하고 우는 호색한들을
나는 누구보다 잘 아는데, 무능한 자와 거들먹거리는 자는
반복해 말한다. "그래, 나는 덕성스러워지고 싶어,
　　　한 시간 후에!"

시계도 나지막이 한 마디 한다. "젊지 않아, 지옥에 떨어질 인간!
썩어빠진 육체에게 내가 헛되이 경고하건대,
사람이 살지만 벌레 한 마리가 갉아대고 있는 벽처럼,
　　　인간은 눈멀고, 귀먹고, 허약하다!"

그러고 나자 모두가 부정했던 '누군가'가 나타나서
조롱하듯 뻐기며 말한다.
"내 성체기(聖體器)에서 즐거운 검은 '미사'로 성체배령을
　　　충분히 한 것 같은데?

너희들 각자가 마음속에 내게 바치는 신전을 만들어놓고는,
몰래 내 불결한 엉덩이에 입을 맞추었다!
세상처럼 거대하고 추한 그 의기양양한 웃음에서
　　　'사탄'을 보라!

발각된 위선자들이여, 주인을 조롱하고,
그에게 속임수를 쓰고도, 부자가 되고 '천국'으로 가는

두 가지 상을 받는 것이 당연하다고
　　　믿을 수 있었던 말이냐?

먹이를 염탐하여 오래도록 목이 빠져라 기다리는
늙은 사냥꾼에게 사냥감이 대가를 지불해야 한다.
빽빽함을 가로질러서 내가 너희들을 데려가겠다,
　　　내 슬픈 기쁨의 동반자들이여,

빽빽한 땅과 바위를 가로지르고,
너희의 재가 어수선하게 쌓인 더미들을 가로지르고,
나만큼 크고, 연한 돌은 아니며,
　　　한 덩어리로 이루어진 궁궐로,

왜냐하면 그 궁궐은 보편적인 '죄'와 함께 만들어졌으며,
내 교만, 내 괴로움, 내 영광을 담고 있기 때문이다!"
— 그런데 걸쳐 있는 우주의 아주 높은 곳에서,
　　　한 '천사'가 승리를 울리는데,

그들의 마음이 말하기를 '당신의 회초리에 감사합니다, 주여!
괴로움에 감사합니다, 오 아버지여!
당신의 손에 놓인 내 영혼은 헛된 노리개가 아니며,
　　　당신의 지혜는 무한합니다.'

천상에서 포도를 수확하는 그 장엄한 저녁이면
트럼펫 소리가 너무도 달콤하여,
그 악기가 찬양하며 노래하는 모든 이들에게
황홀경처럼 스며든다.

말라바르 여인에게

너의 발은 너의 손만큼이나 섬세하고,
너의 둔부는 가장 아름다운 백인여인도 부러워하고,
너의 몸은 사색하는 예술가에게 부드럽고 소중하며,
너의 신이 너를 태어나게 한 뜨겁고 파란 나라에서,
너의 벨벳 같은 커다란 눈은 너의 살결보다 더 검으며,
너의 일은, 주인의 파이프에 불을 붙이고,
병에 시원하고 향기로운 물을 채워놓고,
배회하는 파리를 침대로부터 멀리 쫓아버리고,
아침이 플라타너스를 노래 부르게 하는 즉시
시장에서 파인애플과 바나나를 사는 것이다.
너는 온종일 원하는 곳으로 맨발을 끌고 다니며,
알 수 없는 옛 노래를 아주 나지막이 흥얼거리고,
저녁이 진홍빛 외투를 입고 내려올 때,
네가 돗자리 위에 부드럽게 몸을 뉘이면,
부유하는 너의 꿈에는 언제나
너처럼 우아하고 화사한 벌새들이 가득하다.
행복한 아이야, 너는 왜 고통이 온통 휩쓸어버리는
인구 많은 나라, 우리 프랑스를 보고 싶어서,
선원들의 튼튼한 팔에 목숨을 맡기며,

너의 소중한 타마린드* 나무들에게 작별인사를 하려는 거니?
가냘픈 모슬린 옷으로 몸의 절반만 가리고 있어서,
눈과 우박을 맞으며 오한으로 떠는 너,
만약, 난폭한 코르셋이 네 허리를 가둔 채
네가 우리의 진창에서 야참을 주워 모아야 했고,
눈은 생각에 잠겨 우리의 더러운 안개 속에서
있지도 않은 야자나무의 어수선한 허깨비를 쫓으며
이상한 매력의 네 향기를 팔아야 한다면,
너는 달콤하고 순수한 여유를 얼마나 아쉬워하겠는가!

---

* 열대 아프리카가 원산지인 콩과 식물. 동남아시아에서 널리 재배되고 있다.

1868년 판본에 추가된 시들

Ch. Baudelaire

깊은 구렁

파스칼에게는, 자기와 함께 움직이는 구렁이 있었다.
— 아아! 모든 것이 심연이고, — 활동, 욕망, 꿈, 말!
그리고 '두려움'으로부터 숱하게 다시 똑바로 서는 내 털 위로
바람이 지나가는 것을 나는 느낀다.

위에 아래에 그 어디에나,
깊이, 모래톱, 침묵, 끔찍하고도 매혹적인 공간…
내 밤들의 바닥에서 '신'이 조예 깊은 손가락으로
다형(多形)의 휴전 없는 악몽을 그린다.

희미한 공포로 가득 차고, 어디로 이끄는지 알 수도 없는
커다란 구멍을 사람들이 무서워하듯, 나는 잠이 무섭고,
모든 창문들을 통해 내게는 오로지 무한만 보인다.

그리고 언제나 현기증에 사로잡힌 내 정신,
무(無)를 질투하는 무감각.
— 아! '숫자들'과 '존재들'로부터 결코 나오지 말아야 하는데!

뚜껑

바다건 땅이건, 불길 같은 기후이건 하얀 태양 아래서이건,
그가 가는 곳이면 그 어디건 간에,
예수를 섬기는 자이건 키티라*의 궁신(宮臣)이건,
침울한 거지이건 번쩍거리는 크로이소스**이건,

도시인이건 시골 사람이건, 방랑자건 정착민이건,
그의 작은 뇌가 활발하건 느리건 간에,
인간은 어디서나 미지의 것에 대한 공포를 겪고,
오로지 떨리는 눈으로 위에서 바라본다.

위에서라고, 맙소사! 그를 숨 막히게 하는 지하실 벽,
어릿광대마다 피가 흥건한 땅을 밟게 되는
어느 희가극을 위해 환히 밝힌 천장,

방탕한 자의 공포, 미친 은둔자의 희망,
맙소사! 미미하고도 방대한 '인류'가 끓고 있는

---

* 그리스 이오니아 군도의 남동쪽 끝에 있는 섬. '체리고'라고도 불린다.
** 서기 전 596-546년에 살았던 리디아의 마지막 왕. 오늘날 "크로이소스처럼 부자가 되기"라는 표현이 있을 정도로 어마어마한 부의 소유자였다.

커다란 냄비의 시커먼 뚜껑.

자정의 점검

시계추가 자정을 울리며
우리에게 빈정대듯 떠올린다,
달아나버리는 그 날을
우리가 어찌 사용했는지,
— 오늘, 숙명적인 날,
13일의 금요일, 우리가 아는
그 모든 것에도 불구하고,
우리는 이교도처럼 생활했다.

신들 중 가장 반박의 여지없는 예수를
우리는 모독했다!
괴물 같은 크로이소스의 식탁에서
우리는 기식자처럼
'악령들'의 신하에나 어울릴 만한
그 야만인의 마음에 들기 위해
우리가 사랑하는 이를 모욕했고,
우리가 혐오하는 이를 우쭐게 했으며,

사람들이 잘못 업신여기는 약자,

그 노예 같은 형리를 슬프게 했고,
'어리석은 짓', 그 엄청난 '어리석은 짓'을
황소의 이마에다 치하했고,
멍청한 '물질'에
대단히 헌신적으로 입을 맞췄고,
고약한 부패의
희끄무레한 빛을 찬양했다.

칠현금의 교만한 사제인 우리,
음산한 것들에 취해 있는 것을
드러내 보이는 것이 자랑인 우리,
마침내 우리는 어지러움을
망상 속에 빠뜨리기 위해,
목마름 없이 마셨고, 배고픔 없이 먹었다!…
— 암흑 속에 숨어버리기 위해,
얼른 등(燈)을 꺼버리자!

경고하는 자

이 이름에 어울리는 자는 누구나
마음속에 노란 '뱀'을 갖고 있으며,
그 뱀은 왕좌에 앉은 듯,
"나는 원해!"라고 말하면, "안 돼!"라고 대답한다.

여성사티로스들과 물의 요정들의
고정된 눈 속에 네 눈을 빠뜨리라,
'이빨'이 말한다. "네 의무를 생각하라!

자식을 낳고, 나무를 심어라."
시를 다듬고, 대리석으로 조각하라,
'이빨'이 말한다. "너는 오늘 저녁 살아 있을까?"

무엇을 구상하건 무엇을 기대하건,
인간은 참을 수 없는 '독사'의
경고를 겪지 않고는
단 한 순간도 살 수 없다.

반역자

격분한 '천사'가 독수리처럼 하늘에서 내려와,
신앙심 없는 자의 머리카락을 움켜쥐고
그를 흔들어대며 말한다. "규칙을 알게 해주마!
(나는 너의 선한 '천사'이니까, 알겠니?) 내가 그걸 원하니까!

가난한 자, 못된 자, 삐뚤어진 자, 얼빠진 자를
얼굴 찌푸리지 말고 사랑해야 한다는 것을 알아두라,
예수가 지나갈 때 네가 자애심을 가지고
그분에게 승리에 찬 카펫을 깔아줄 수 있도록.

그런 것이 사랑이다! 네 마음이 무뎌지기 전에
신의 영광에 대한 네 도취에 불을 다시 붙여라,
그거야말로 지속적인 매력을 가진 진정한 '쾌락'이다!"

그리고 '천사'는 정말로 자기가 사랑하는 만큼 벌하면서,
거대한 주먹으로 파문 대상을 괴롭히는데,
영벌을 받은 자는 늘 "나는 그러고 싶지 않아!"라고 대답한다.

어느 이카루스의 탄식

창녀의 애인은
행복하고 생기발랄하고 배가 불렀는데,
나, 나의 팔은 구름을 잡느라
기진맥진해졌다.

쇠진한 내 눈에
태양의 추억만 보이는 것은,
하늘 아주 깊숙한 곳에서 타오르는
비길 데 없는 별들 덕분이다.

나는 우주공간으로부터
헛되이 끝과 중간을 찾으려 했고,
알 수 없는 불의 눈 아래서
부러지는 내 날개를 느낀다.

아름다움에 대한 사랑에 불타버려서,
내 무덤이 될 깊은 구렁에
내 이름을 부여하는 숭고한 명예를
나는 갖지 못할 것이다.

어느 이교도의 기도

아! 너의 불길을 늦추지 말고,
내 굳은 마음을 데우라,
영혼들을 고문하는 관능이여!
여신이여! 탄원하는 자의 청을 들어주오!

널리 퍼진 대기 속 여신,
우리 지하 속 불길이여!
흔들림 없는 노래를 네게 바치는,
지치도록 기다리는 영혼의 기원을 이루어주오.

관능이여, 늘 내 여왕이 되어주오!
육체와 부드러움의 절정인
세이렌의 가면을 쓰시오.

또는 형체 없는 신비로운 포도주에
당신의 무거운 잠을 부으시오,
유연한 유령, 관능이여!

슬픈 마드리갈*

I

네가 현명하건 아니건 내게 뭔 상관인가?
아름다워져라! 슬퍼하라!
눈물은 풍경 속 강물처럼
얼굴에 매력을 더해주고,
폭풍은 꽃들을 다시 젊게 만든다.

넋을 잃은 네 얼굴에서
기쁨이 빠져나갈 때,
네 마음이 공포 속에 빠질 때,
네 존재 위에 과거의 끔찍스런 구름이 펼쳐질 때
특히 너를 사랑한다.

너의 큰 눈이 피처럼 뜨거운 물을 쏟을 때,
너를 달래는 내 손에도 불구하고
너무 무거운 네 불안이

---

* 주로 사랑을 주제로 한 짧은 서정시.

죽어가는 자의 헐떡거림처럼 뚫고나올 때
특히 너를 사랑한다.

나는 열망한다, 신성한 관능이여!
달콤하구나, 심오한 찬가!
네 가슴의 모든 흐느낌들,
네 눈이 쏟아내는 진주들로
네 마음이 밝아지는 것을 믿어라!

II

뿌리 뽑힌 오랜 사랑들로 차고 넘치는 네 마음이
대장간처럼 아직도 타오르고,
영벌 받은 자들의 교만을
네 가슴 아래 좀 품고 있음을
나는 안다.

하지만, 내 소중한 이여, 네 꿈들이
'지옥'을 반영하지 않는 한,
그리고 휴식 없는 악몽 속에서,
독약과 칼들을 생각하고,

화약과 검에 홀딱 빠져서,

 오로지 두려움에 떨며 각자에게 열어 보이고,
그 어디서나 불행을 해독하고,
시간이 울릴 때 부들부들 떨며
그 억제할 수 없는 '역겨움'의 중압감을
느끼지 않는 한,

불건전한 밤의 끔찍함 속에서
오로지 공포에 사로잡혀야만
나를 사랑하는 노예 왕비여,
네 영혼은 아우성으로 가득하여
내게 말할 수 없으리라.
"나는 당신과 동등하다, 오 나의 "왕비여!"라고.

모욕당한 달

오, 우리 아버지들이 조심스레 숭배했던 '달',
눈부신 후궁(後宮)인 천체가 맵시를 갖추고
너를 따르게 될 푸른 고장들의 꼭대기에서,
우리 소굴의 등불인 나의 오랜 여인 신시아,

누추한 침대 위 복 받은 연인들이 자면서
입 속의 신선한 법랑을 드러내는 것이 보이니?
시인이 자기 작업대에 이마를 부딪치는 것은?
독사들이 마른 잔디 아래 어디서 교미하는지는?

너는 두건 달린 노란 옷을 입고
은밀하게 한 발 디디며, 저녁부터 새벽까지
예전처럼 엔디미온*의 여신들에게
입 맞추러 가는 거니?

"— 빈곤해진 이 세기의 아이인 네 어머니가 보이는데,

---

* 그리스 신화에 따르면, 그저 단순히 양치기라는 설과 펠로폰네소스의 서쪽에
위치한 엘리스의 왕이라는 설이 있다. 달의 여신 셀레네의 연인들 중 하나로 알
려져 있다.

그녀는 무거운 세월 무더기를 자기 거울 쪽으로 기울이고,
너를 먹여 키운 가슴에 예술적으로 석고를 바르는구나!"

명상

얌전해라, 오 나의 괴로움이여, 더 잠잠히 있으라,
너는 저녁을 요청했고, 저녁이 내려와 여기에 있다.
어두운 대기가 도시를 감싸며,
어떤 이에겐 평화를, 어떤 이에겐 염려를 싣는다.

다수의 비루한 인간들이
무자비한 형리인 쾌락의 회초리 아래서,
굴종적인 축제에서, 회한을 따내려는 동안,
내 괴로움이여, 내게 손을 달라, 이리로 오라,

그들에게서 멀리. 지나간 연년세세가
케케묵은 드레스를 입고 하늘의 발코니에 기대고,
물속 깊은 곳에서는 미소 짓는 후회가 솟구치고,

빈사상태의 '태양'이 아치 아래서 잠드는 것을 보라,
'동쪽'에서 긴 수의(壽衣)처럼 질질 끌리듯 운행하는
부드러운 '밤'을 들어보라, 내 소중한 이여.

기타

Ch. Dandeline

어느 저주받은 시인의 묘지

무겁고 침침한 어느 밤에
어느 선한 기독교인이 자비심에서
어느 오랜 잔해 뒤에서
칭찬 받은 당신의 시체를 매장한다면,

순결한 별들이 무거운 눈을
감는 시간이 되면,
거미가 거기에 거미줄을 칠 것이고,
살무사는 새끼들을 낳아놓을 것이며,

그 처형당한 머리에서
늑대들과 굶주린 마녀들의
비통한 울음소리들,

음탕한 늙은이들의 깡충거림,
흉악한 사기꾼들의 음모들을
당신은 일 년 내내 듣게 될 것이다.

형벌을 받은 여인들

그녀들은 생각에 잠긴 가축처럼 모래밭에 누워,
바다의 수평선을 향해 눈을 돌리고,
그녀들의 발들은 서로를 찾고 있었고, 가까워진 손들에는
달콤한 번민과 씁쓸한 전율이 있다.

어떤 여인들은 시냇물이 졸졸거리는 작은 숲 깊숙한 데서
기나긴 속내 이야기에 홀딱 빠진 마음을 안고서,
겁 많은 어린 시절의 사랑을 한 글자 한 글자 읊으며 가서
어린 관목들의 생나무를 파고 있으며,

또 어떤 여인들은 성 안토니우스의 유혹들로 붉게 물든
벗은 가슴들이 용암처럼 튀어나오는 것을 그 성인이 보았던,
유령들이 가득한 바위들을 가로질러서
자매들처럼 천천히 진중하게 걸어간다.

스러져가는 송진 불빛에 비친,
오랜 이교도 소굴들의 말없는 공동(空洞)에서
울부짖는 열기로 네게 도움을 청하는 이들도 있다,
오, 먼 옛날의 회한들을 잠재우는 바쿠스여!

그리고 가슴이 스카폴라리오*를 사랑하고,
긴 옷 속에 회초리를 숨겨놓고는 어두운 숲에서
그리고 고독한 밤에 고통의 눈물에
쾌락의 거품을 섞는 이들도 있다.

오 처녀들이여, 오 악마들이여, 오 괴물들이여, 오 순교자들이여,
현실을 멸시하는 위대한 영들이여,
무한함을 찾는 여인들, 독신자들, 사티로스들이여,
때로는 울부짖음으로 가득하고, 때로는 눈물로 가득하고,

당신의 지옥에서 내 영혼이 쫓아간 당신들,
불쌍한 수녀들, 나는 당신들을 불쌍히 여기는 만큼 사랑합니다,
당신들의 음울한 괴로움, 당신들의 충족되지 않는 갈증,
그리고 당신들의 위대한 마음에 가득한 사랑 단지 때문에!

---

* 수사나 수녀 또는 신자가 어깨에서 두 개의 끈으로 가슴과 등에 매다는 천, 성
모 마리아의 축복을 뜻한다.

기도

사탄이여, 당신이 군림했던 '하늘' 높은 곳에서,
당신이 패하여 조용히 꿈꾸고 있는 '지옥'의 깊은 곳에서,
당신에게 영광과 찬양을!
'지식의 나무' 잔가지들이 새로운 '신전'처럼
당신의 얼굴에 퍼지게 되는 때, 내 영혼이 언젠가
그 나무 아래 당신 가까이서 쉬게 해주옵소서!

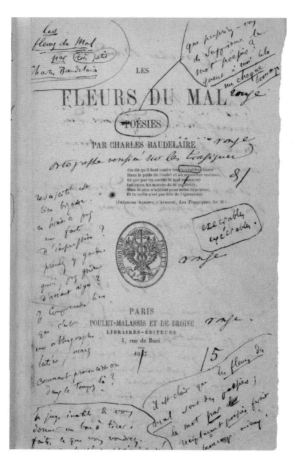

샤를 보들레르가 자신의 초판본《악의 꽃》속표지에 쓴 친필 메모 (1857년)

화가 에두아르 마네가 그려서 에칭 인쇄한 보들레르 얼굴 (1865년)

작품 해설

《악의 꽃》에 관하여

제목부터 강렬하고 도발적인《악의 꽃》은 시인 보들레르가 1840년부터 쓰기 시작하여 갑자기 죽음을 맞은 1867년 8월 말까지 쓴 운문으로 된 작품들을 거의 다 싣고 있는 모음집이다. 그런데 사실상 이 제목으로 시집이 처음 출간된 것은 보들레르가 살아 있을 때인 1857년 6월 25일이었다. 이 초판은 출간되자마자 당장 큰 스캔들이 되었고, 급기야 저자는 벌금형에까지 처해지며, 이 시집에 실렸던 시들 중 여섯 편(장신구, 레테 강, 레스보스, 형벌을 받은 여인들, 뱀파이어의 변신, 너무 명랑한 여인에게)은 부도덕하다는 이유로 검열에 걸린다. 이후에 벨기에에서는 이 시들까지 포함시켜 출간되는데, 정작 프랑스에서는 이 시들이 자기 권리를 되찾는 데 한참이나 걸려서 1949년 5월이나 되어서야 출판금지에서 풀려난다.

'악(惡)' 속에서 '미(美)'를 추구하다

오늘날의 독자에게도 생경한 '악의 꽃'이라는 표현은 보들레르의 무질서했던 생활, 즉 저자의 현실을 가장 먼저 떠올려서 연계지어 해석하고 싶은 생각이 들게 하지만, 실은 시 전반에 대한, 즉 시학에 대한 저자의 깊은 고찰과 오랜 탐구에서 비롯된 것이었다. 그리고 애초에 보들레르는 이것을 제목으로 정했던 것도 아니다. 1847년에 생각했던 제목은 '레스비언들(Les Lesbiennes)'이었고, 1850년에 예고했던 제목은 '가장자리들(Les Limbes)'이었으며, 이 시집은 "현대의 젊은이들의 흔들림과 멜랑콜리를 나타내기 위한 것"(플레이아드 판 『보들레르 전집 I』, p. 793)이라고 했다. 그리고 출판인 오귀스트 풀레-말라시가 보들레르에게 비평서를 위한 제목을 보들레르에게 제안했을 때는 "나는 수수께끼 같은 제목이나 요란스런 제목이 좋다."(같은 책, 같은 페이지)고 말한 바 있다. 그런데 첫 번째 제목이 당시 사회에 너무 충격적으로 여겨질 수 있는 것이었다면, 두 번째 제목은 나중에 보들레르 자신이 사회주의적인 함의 때문에 꺼려했다. '악의 꽃'이라는 제목의 단서는 이 시집의 서문에 대한 기획을 얘기하는 보들레르 자신에게서 찾아볼 수 있다. "혁혁한 시인들은 시의 영지(領地)에서 가장 꽃이 만발한 지방들을 나눠가졌다. 악에서 '아름다움'을 추출해내는 과업이 더 어려운 만큼, 내게는 재미있어 보였고, 더 기분 좋은 것 같았다."(p. 791)

통상적으로 생각하기에는 '악'과 '꽃'이 어울리지 않는 조합이기 때문이다. 이런 조합은 그 자체로도 도발적이지만, 보들레르 쪽에서는 충격 효과를 노리기보다는 친절한 설명에 가까운 것이었다고 볼 수 있다. 고전적인 시학에서는 아름다운 것들, 즉 자연이나 여인이 주요 대상이었고, 기쁨이건 슬픔이건 고상한 감정들을 토로하는 게 상례였다. 보들레르가 살던 시대에 풍미하던 낭만주의 시들이 특히 그랬고, 그 또한 문학에 입문하던 때는 빅토르 위고를 찬미했다. 얼마 안 가서 위고에 실망하여 조소적인 입장을 취하게 되긴 하지만, 보들레르는 문단의 기성세대에 대한 실망도 컸지만, 그보다 모든 것이 "이미 다 말해진" 터에 독창적인, 새로운 뭔가를 창작해낸다는 것이 과연 가능한 일인지 회의하며 이에 대한 절망이 더욱 컸다. 그러나 절망에 머무르지 않고, 새로움에 대한 모색을 치열하게 하고, 과거의 시들과는 달리 '이상' 속에서가 아니라 '현실' 속에서 시의 소재를 찾아내는 용기와 대담성을 발휘하여 '선'보다는 '악'을 노래하고, 아름다운 '비너스'보다는 거지 여자애나 초라한 노파들을, 고상한 귀부인보다는 노골적인 매춘부를 시의 주인공으로 삼았다. 또한 그가 과감히 시도한 것들 중 하나는, 운율이나 휴지 등 종래의 시작법(詩作法)에 얽매이지 않고, 운문과 산문을 엄격히 나누지 않은 자유로움이다. 물론 그 이전에도 산문시는 존재했었다. 하지만 그는 한 카테고리로서의 산문적인 시를 쓴 것이 아니라, 운문/산문의 구분을 규정짓는 규범에서 자유로웠던 것이다. '근대성'을 논할 때 둘째가라면 서러울 정도로 반드시 언급되고 소환되는 문인이 보들레르인 이유가 여기에 있다.

샤를 보들레르와 구스타브 플로베르

  고전주의도 아니고, 자기 시대에 풍미하던 낭만주의도 아닌 보들레르의 시를 그렇다면 같은 시기에 소설 장르에서 마찬가지로 요란한 스캔들을 일으키며 등장한 소설《마담 보바리》가 대표하는 사실주의로 분류해야 하는 걸까? 보들레르와 플로베르는 동갑이고, 둘 다 후대에 고전 중의 고전으로 꼽히는 걸작을 쓴 것 때문에 사법기관의 소환을 받았으며, 두 작품 모두 '부도덕하다'는 보수 세력의 지탄을 받았다. 그리고 둘 다 젊은 시절에 문학에 심취하기 시작하던 때에는 낭만주의에 끌리다가 이 사조의 한계를 극복하고자 '새로운 것'을 부단히 추구하여 그 결과물로서 각자 걸작을 내놓게 된 공통점이 있다. 그 둘은 서로의 작품을 인정하고 서로의 재능을 누구보다 잘 알아보았다. 플로베르는 1857년《악의 꽃》이 출간되었을 때 보들레르에게 찬사가 담긴 편지를 보냈다.(7월 13일)

  "당신은 낭만주의를 젊어지게 하는 방법을 찾아냈군요. 당신은 그 누구와도 비슷하지 않습니다.(그것이 모든 자질들 중의 으뜸이지요.) 문체의 독창성이 발상으로부터 흘러나옵니다. 당신의 문장에는 관념이 무너질 만큼 독창성이 잔뜩 들어차 있네요."

그 두 문인은 상투적이고 진부한 것에서 벗어나 새로운 자기만의 것을 찾아내고자 고심하였고, 문학과 관련된 것이건 사회와 관련된 것이건 간에 기존 권위의 압박에서 과감히 자유로워지기로 결단한 작가들이었다. 그 둘은 계기가 생기면 서로 편지를 보내어 격려하고 축하하는, 즉 서로를 기꺼이 인정하는 관계였으나, 그렇다고 해서 보들레르가 사실주의에 속하는 건 아니었다. 《마담 보바리》처럼 《악의 꽃》이 법의 제재를 받자, 일반 대중은 그 두 작가가 같은 유파일 거라고 지레 짐작하여 보들레르를 사실주의 작가로 보려 했으나, 이 점에 대해 보들레르는 불쾌해했다고 전해진다.

보들레르가 낭만주의 색채를 띠건, 시 장르에서 이후 나타난 상징주의에 속하건, 이는 작가들을 어느 카테고리에 집어넣어야 직성이 풀리는 문학사가나 이론가들의 일일 테지만, 왜 그의 시들이 그토록 파격적이고, 그러면서도 독자의 마음에 불쾌하지만은 않은 파동을 일으키는지 궁금하고 의아할 것이다. 그의 시들은 당대의 독자들뿐만 아니라 오늘날의 독자들에게도, 플로베르의 표현처럼 신랄하고 매섭다. 보통의 독자들이 시집을 집어들 때 은근히 기대하는 아름다움이나 따뜻한 위로 같은 것이 아니라 현실을 날것으로 신랄하게 드러내고, 때로는 이미 피 흘리고 있는 상처를 후벼 파기까지 하니 말이다. 그렇다고 앞 세기처럼 '이성'을 통한 현실 파악을 주장하는 것도 아니다. 보들레르는 이성적인 것, 합리적인 것, 즉 부르주아적인 계산을 몹시 혐오하던 '예술가'였다. 그는 "역겨운 유용성"(《현대 생활의 화가》, 제9장 댄디)에는 도통 관심이 없었고, 그러한 점은 우선 그의 삶이 여실히 증명해주었다.

샤를 보들레르 시의 근대성

《악의 꽃》에서 시로 구현된 보들레르의 '근대성'은 산문으로 된 그의 다른 글, 《현대 생활의 화가》에 잘 설명되어 있다. 그에게 있어 '근대성'이란, "일시적인 것, 달아나는 것, 우발적인 것, 다른 반쪽은 영원하고 불변인 예술의 나머지 반쪽"이며, 예전의 화가들마다 각자에게 '근대성'이 있었다고 본다.(《현대 생활의 화가》 제4장 근대성) 각 시대마다 자신의 '근대성'이 있었다는 얘기이다. 그러므로 끝없이 새로움을 모색해야 하는 것이 예술가의 숙명이고, 시인의 과업일 것이다. 보들레르가 새롭게 시의 소재로 삼은 것들은 상식적이고 점잖다고 여겨지는 사회에서 '악'으로 규정되는 것들이 상당수이며, 그 자신의 무질서한 생활들이 투영되는 것 같은 단어들도 부지기수여서, 시집의 구성 또한 그의 기질처럼 충동적이고 우발적일지 모른다는 선입견을 가질 수 있겠으나, 어떤 '통일성'을 간파한 동시대 작가 바르베 도르빌리는 보들레르에게 보낸

편지에서 "내밀한 구조, 계산된 도면"이라 표현했다. 그 구성은 총 6부로 나뉘는데(초판은 5부), 우선 프롤로그 역할을 하는 '독자에게'라는 시가 등장하고, 이어서 '우울과 이상', '파리의 풍경들'(애초에는 없던 부분), '포도주', '악의 꽃', '반항', '죽음'이라는 부분들로 구성되어 있다. 각 부분에 속한 시들은 다음과 같다. (*본 번역본에 수록된 시들만 분류해놓았다.)

— 우울과 이상: 축복, 알바트로스, 비상, 등불들, 돈에 팔리는 뮤즈, 적, 이전의 삶, 여행 중인 보헤미안들, 인간과 바다, 지옥에 간 동 쥐앙, 교만의 벌, 아름다움, 이상, 장신구, 춤추는 뱀, 썩은 고기, 심연 속에서 울다, 뱀파이어, 레테 강, 사후의 회한, 고양이 (사랑에 빠진 내 마음으로 오렴…), 발코니, 온통 다, 너무 명랑한 여인에게, 고백, 향수병, 독, 고양이 (강하고 부드러우며…), 아름다운 선박, 돌이킬 수 없는 것, 한담, 에오통티모루메노스, 크레올 부인에게, 고양이들, 금이 간 종, 애수 (LXXV-LXXVIII), 안개와 비, 고치지 못하는 것, 어느 붉은 머리의 거지에게, 도박, 저녁의 땅거미, 귀신, 즐거워하는 죽은자, 달의 슬픔, 음악, 파이프담배, 가면, 미녀 예찬, 머리타래, 신들린 자, 유령(Un Fantôme), 언제나 한결같이, 가을 노래, 오후의 노래, 시시나, 가을 소네트, 무(無)에 대한 취향, 괴로움의 연금술, 시계, 살아 있는 햇불, 여행으로의 초대

— 파리 풍경: 태양, 백조, 일곱 노인, 작은 노파들, 지나가는 여인에게, 죽음의 춤, 거짓에 대한 사랑

— 포도주: 포도주의 영혼, 넝마주이자들의 포도주, 살인자의 포도주, 고독한 자의 포도주, 연인들의 포도주

— 악의 꽃: 어느 순교자: 미지의 스승에 관한 소묘, 레스보스, 형벌을 받은 여인들: 델핀과 이폴리트, 선량한 자매, 알레고리, 뱀파이어의 변신, 키티라 섬으로의 여행

— 반항: 아벨과 카인, 사탄의 신도송

— 죽음: 연인들의 죽음, 가난한 자들의 죽음, 어느 호기심장이의 꿈, 여행

— 1866년 판본에 추가된 시들: 낭만적인 석양, 분수, 찬가, 목소리, 예기치 못한 것, 말라바르 여인에게

— 1868년 판본에 추가된 시들: 깊은 구렁, 뚜껑, 자정의 점검, 경고하는 자, 반역자, 어느 이카루스의 탄식, 어느 이교도의 기도, 슬픈 마드리갈, 모욕당한 달, 명상

위에 나열된 시들이 보들레르의 시 전체는 물론 아니다. 그리고 보들레르의 전집에는 시 외에도 산문으로 된 기념비적인 글들이 상당수 포함되어 있다. 그 자신은 권태로움과 우울감에 자주 빠지고 실생활에서도 의붓아버지와의 불화나 금전 문제 등으로 고단한 삶을 이끌어가면서도 "역겨운 유용성"을 회피하며 살았듯이, 가족이 보기에 또는 보통의 생활인들이 보기에 문란하기 짝이 없는 생활을 이끌어가긴 했다. 그럼에도 명철하고 예리한 정신은 늘 살아 있어서 인간과 세계의 어두운 단면들을 외면하지 않고 도도하게 직시하여 생전에는 그 자신도 예기치 못한 엄청난 문화유산이 된 작품들을 후대에 남겨놓았다. 그의 시들을 이해하고 나면, 이익 추구와 타협으로 점철된 일상을 사는 우리에게 그의 초상화에서 보이는 매서운 눈초리가 따갑게 전해진다.

이효숙

샤를 보들레르 연보

1821년 4월 9일 샤를-피에르 보들레르라는 이름으로 파리 생제르맹 대로의 모퉁이에 있는 오트 푀이으 거리에서 태어났다. 이 대로를 설계할 때 그의 생가는 허물어졌는데, 현재는 아셰트 출판사가 자리 잡고 있다. 6월 7일, 생 쉴피스 성당에서 세례를 받는다.

1827년 아버지가 사망한다. 어머니는 파리에 머물렀지만, 날씨가 좋은 계절에는 샤를과 함께 파리 근교인 불로뉴 숲 근처 뇌이이의 작은 집에서 지냈다.

1828년 11월에 어머니가 오피크라는 장교와 재혼한다.

1832년 샤를은 어머니와 함께 리옹으로 가서 들로름 기숙학교에 들어갔다가 이후 리옹 왕립중학교 기숙생으로 들어간다.

1836년 오피크가 대령으로 승진하고 제1사단에 배속되어, 어머니는 릴에 거주하게 된다. 샤를 보들레르는 파리의 루이 르 그랑 중학교에 기숙생으로 들어간다. 몇 달 후 그는 라틴어 시 부문에서 차석으로 상을 받는다.

1837년 샤를은 이번에도 라틴어 시로 2등 상을 받는다.

1838년 문학을 열렬히 찬미하기 시작한 샤를은 특히 빅토르 위고의 극작품과 시, 생트 뵈브의 《관능》을 찬미했고, 으젠느 쉬에 대해서는 비판적 시선을 보이기도 했다.

1839년 4월, 수업시간에 한 급우가 전달하라고 준 쪽지를 전달하지 않은 일이 발단이 되어 루이 르 그랑 중학교에서 쫓겨난다. 이어 라제그 기숙학교에 들어간다. 8월, 바칼로레아를 통과하고, 같은 날 의붓아버지 오피크는 여단장에 임명된다. 같은 해 11월, 보들레르는 법과대학에 등록한다. 하지만 그의 자유로운 생활로 말미암아 가을에 성병에 감염된다.

1840년 오피크가 파리에 주둔하는 제2보병연대의 사령관에 임명된다. 보들레르는 《마리옹 들로름》 공연을 보고 나서 빅토르 위고에게 열렬한 찬사의 편지를 쓴다.

1841년 양아들 샤를의 방탕한 생활이 염려된 오피크는 가족회의를 열어서 보들레

271

르가 파리에서 벗어나도록 여행을 보낸다. 그래서 보들레르는 6월 보르도에서 배를 타고 캘커타로 향한다. 그런데 배가 심한 태풍을 만나서 9월 1일 모리셔스 섬에 기항하고, 이 때 보들레르는 오타르 드 브라가르의 집에서 묵는다. 9월 18일, 그는 모리셔스 섬을 떠나 다음날 부르봉 섬(현재의 라 레위니옹 섬)에 도착한다. 여행을 계속하지 않기로 결정한 보들레르는 캘커타 행 선박을 타지 않는다. 10월에 오타르 드 브라가르의 아내를 위한 소네트《어느 크레올 부인에게》를 쓴다. 11월에 프랑스로 돌아온다.

1842년 성년이 되어 친아버지의 유산인 금화 10만 프랑을 받게 되는데, 이 돈의 절반을 단 2년 만에 탕진한다. 5월에는 잔느 뒤발과 알게 된다.

1843년 G. 르 바바쇠르, 에르네스트 프라롱, A. 아르곤 등의 가명으로 《시 구절들》이라는 모음집을 출간한다. 이어서 이런 저런 정기간행물에 기고를 하는데, 받아들여지기도 하고 거절당하기도 한다.

1844년 보들레르의 어머니가 아들 샤를의 낭비벽에 질려서 남편의 제안에 따라 후견인 선정을 목적으로 소송 절차를 밟는다. 7월 14일에는 국방의 의무를 저버린 데 대해 72시간의 감금형을 판결받고 수감된다. 같은 시기에 《두 세계》지에서 《양치기의 집》이 발표된다. 9월에 후견인이 정해지는데 이때부터 그는 매달 일정한 돈을 법적후견인인 공증인 앙셀로부터 받게 되고, 어머니에게 도움을 요청하는 일도 잦아진다. 12월부터 1846년 1월까지 《예술가》지에 다섯 편의 소네트를 발표하는데, 네 편은 프리바 당글르몽이라는 가명으로, 한 편은 익명으로 발표한다.

1845년 5월 중순에 《1845년의 살롱》이 출간되고 5월 25일《예술가》지에 《어느 크레올 부인에게》가 발표된다. 같은 해 6월 30일, 후견인 앙셀에게 자살 의도를 알리고, 자기가 빚진 것을 모두 갚은 후 자기 소유의 모든 것을 잔느 뒤발에게 물려준다는 유언장을 쓴다. 11월 《해적 사탄》지에 보들레르의 세태 풍속에 관한 글 《재능이 있을 때는 자기 빚을 어떻게 갚는가》가 게재된다.

1846년 4월에 《공적 정신》지에 《젊은 문인들에게 주는 충고》를 싣는다. 6월에 에드거 앨런 포의 《모르그 가의 살인 사건》의 번안 작품을 《사법 책력에서 유례가 없는 살해》라는 제목으로 《라 쿼티디엔느》지에 G. B.귀스타브 브루넷이라는 가명으로 싣는다. 9월에 《지옥에 간 동 쥐앙》이 《예술가》지에 실린다.

1847년 《문학인들의 동인지》에 《라 팡파를로》를 발표한다. 4월에 오피크가 장군

(소장)이 되고 11월에는 에콜 폴리테크니크의 사령관에 임명된다. 같은 해 12월, 보들레르는 어머니와 사이가 틀어져서 루브르의 살롱에서 만나자고 한다. 그 해에 사실주의 화가 쿠르베가 보들레르의 초상화를 그린다. 이 초상화는 현재 프랑스 몽펠리에 미술관에 소장되어 있다.

1848년 자유주의자들과 공화주의자들이 파리 시민들을 부추겨서 촉발된 '2월 혁명'에서 보들레르도 거리로 나선다. 이 혁명으로 인해 제2공화정이 들어선다. 보들레르가 뷔시 가의 사거리에서 손에 총을 쥔 채로 "오피크 장군을 총살시키러 가야 한다!"고 여러 차례 외치는 일이 발생한다. 같은 해 4월부터 두 달간 온건사회주의 신문인 《국가 논단》의 편집기자가 된다. 10월, 샤토루에 있는 《앵드르의 대표》지의 편집장이 되지만, 이 온건한 잡지의 다른 운영자들과 의견 충돌이 잦아진다. 보들레르가 자신의 정신적인 쌍둥이자 사상적 스승으로 여기는 미국 작가 에드거 앨런 포의 작품들을 번역하기 시작한다. 번역서들을 출간하기(1856-1865)에 앞서 포에 관한 연구를 여러 잡지에 발표한다. 당시 단역배우였던 잔느 뒤발과의 요란한 연애와 변함없는 우정을 나누는 친구들이 있음에도 불구하고 고독감이 점점 커져가는 것을 느끼며 괴로워한다. 유산 관리에서 다달이 들어오는 돈은 늘 부족하고, 돈벌이는 드물어진다. 빚쟁이들에게 쫓겨서 거주지를 끊임없이 옮긴다. 물질적인 어려움과 정신적, 신체적 고통이 그를 지치게 만든다.

1849년 테오필 고티에와 친분을 쌓는다.

1851년 《민중의 공화국》지에 《포도주의 혼》을 발표한다.

1852년 3월에 잔느가 그의 행복에 방해가 되자 헤어지기로 결심한다. 같은 해 12월 사바티에 부인에게 그녀를 위해 쓴 시들 중 첫 번째인 《너무 명랑한 그녀에게》를 익명으로 보낸다. 이후에도 1854년 5월까지 간헐적으로 계속 보낸다.

1853년 에드거 앨런 포의 《더 레이븐》을 번역해서 《예술가》에 싣는다. 오피크는 상원위원이 된다. 5월에 빚을 져서 매춘부들의 집에서 은신한다.

1854년 마리 도브룅과 잠시 사랑하게 된다. 호텔을 전전하며 사는 아들의 무질서한 생활에 화가 치민 어머니에게 잔느 뒤발이나 마리 도브룅과 동거를 하게 될 거라고 선언한다.

1855년 파리 만국박람회 때 국제적인 미술전시회가 개최되는데, 심사위원단이 쿠르베의 작품들을 거부한다. 그 작품들에는 보들레르가 그려진 《아틀리에》라는 작품도 들어 있었다. 쿠르베는 자신의 작품들을 미술전시장에서 가까운 곳에 있는 가건물에 전시했고 이는 사실주의를 둘러싼 논쟁들의 발현이 되었다. 이 기회에 보들레르는 사실주의에 관한 에세이 《사실주의가 있기 때문에》를 써서 사실주의 운동과 결별한다. 같은 해 6월, 《두 세계》지에서 그 때까지 발표되지 않은 시 18편을 《악의 꽃》이라는 제목으로 발표한다. 8월에 마리 도브룅을 추천하려고 조르주 상드에게 연락을 취했으며, 11월에 어머니에게 잔느와의 14년간의 관계가 또 깨졌다고 편지한다.

1857년 의붓아버지 오피크 장군이 사망했다. 6월에 《악의 꽃》이 판매되기 시작하며 이 모음집에는 발표되지 않았던 시 52편이 실려 있다. 그러나 일간지 〈피가로〉에 《악의 꽃》에 관한 G. 부르댕의 기사가 실리는데, 시의 부도덕한 점을 강조한 내용이었다. 뒤이어 내무부에서 《악의 꽃》을 공중도덕 문란죄로 검찰에 제소한다. 열흘 뒤 검찰은 보들레르와 출판인들에 대한 정보와 도서 압류를 요청한다. 보들레르는 3백 프랑, 출판사는 1백 프랑의 벌금형에 처해지고, 여섯 작품을 제거하라는 명령이 내려진다. 그러는 와중에도 언론매체에 산문시들을 발표하기 시작했고, '인공적인 낙원들'이라는 제목으로 흥분제, 포도주, 마약, 해시시 등에 관한 연구를 발표한다. 예술비평에 관한 기사들과 작품들도 계속 발표한다.

1858년 11월에 보들레르는 호텔을 나와서 잔느의 집에 들어가 산다. 그녀와의 결별은 제대로 이루어진 적이 없었다.

1859년 보들레르는 에드거 앨런 포에 관한 비평들과 주해들을 모아서 한 권으로 펴낼 계획을 세운다.

1860년 보들레르에게 뇌질환이 발병했다. 같은 해 12월, 반신불수가 된 잔느가 살고 있는 뇌이이의 집에 정착한다. 하지만 여기서도 잠시 머물다 갈 뿐이라는 것을 예견한다.

1861년 《유럽 잡지》에 《리하르트 바그너》라는 글을 싣는다. 어머니에게 잔느를 3개월 전부터 못 봤다고 편지를 남긴다. 프랑스학술원의 회원이 되고 싶은 욕구를 드러내며 프랑스학술원에 지원하지만, 학술원에서는 사소한 스캔들로 여긴다. 이를 계기로 알프레드 드 비니와 관계를 맺는다.

1862년 1월 생트 뵈브가 《르 콩스티튀쇼넬》지에 《학술원의 차기 선출》이라는 기사를 싣는데, 여기서 보들레르의 해괴한 짓을 언급한다. 같은 달 말에 보들레르는 《일화적 잡지》에 생트 뵈브의 기사를 분석한 글을 쓰며 그에 대한 찬사를 늘어놓는다. 게다가 잔느가 자기 오빠라고 주장했던 인물이 실은 그녀의 애인이었음을 확인하게 되고 병상에 눕게 된다. 결국 2월이 되어서야 보들레르는 생트 뵈브의 충고에 따라 학술원 지원을 포기한다는 편지를 보낸다. 5월 《르 불바르》지에 《레 미제라블》에 관한 서평을 싣는다.

1862년 《라 프레스》지에 보들레르의 산문시 XV부터 XX까지가 게재된다. 12월에는 같은 잡지에 《어느 이카루스의 탄식》이 실린다.

1863년 《라 프레스》지에 《자정의 점검》이 실린다. 《국민여론》지에 《으젠 들라크루아의 작품과 생애》라는 글을 싣는다.

1864년 자신의 작품 판매 협상을 위해 브뤼셀에 도착한다. 브뤼셀의 예술가 문인 모임에서 들라크루아에 관한 강연들을 한다. 강연을 해서 돈을 벌게 될 것이라는 기대와 자신의 작품 전체를 출판하리라는 희망이 있었지만, 모두 실패하고 벨기에를 몹시 증오하게 되며, 이런 감정을 〈초라한 벨기에〉라는 팸플릿을 통해 표현한다.

1865년 11~12월에 걸쳐 《예술》지에 친구 베를렌이 쓴 보들레르에 관한 기사들이 실린다. 이 열정적인 기사들에 대해 보들레르는 기뻐하기보다는 염려하고 분노한다.

1866년 보들레르의 건강상태가 점점 나빠져서 편지도 직접 쓰지 못하고 구술을 통해서만 가능했으며, 신체의 오른쪽 부분이 마비되고, 급기야 가톨릭 요양원으로 옮겨지지만, 욕설을 일삼는 바람에 다시 호텔로 옮겨진다. 10월에 보들레르의 친구들이 교육부에 그를 위한 연금과 치료 지원을 요청해서 받아들여진다.

1867년 8월 31일에 사망한다. 같은 해 9월 2일에 종교적으로 장례가 치러지고, 파리 몽파르나스 묘지의 가족 무덤에 안장된다.

옮긴이 **이효숙**

연세대학교 불어불문학과를 졸업했다. 프랑스 파리4대학 소르본에서 프랑스문학으로 석 · 박
사학위를 취득했다. 번역한 책으로는 볼테르의 〈자디그〉와 〈랭제〉, 쥘 베른의 〈80일간의 세계
일주〉, 자크 아탈리의 《호모 노마드》와 〈등대〉, 모렐 – 앵다르의 〈표절에 관하여〉, 생텍쥐페리
의 〈남방 우편기〉등이 있다.

악의 꽃
1857년 오리지널 초판본 금장에디션

초판 1쇄 펴낸 날 2025년 4월 15일

지 은 이   샤를 보들레르
옮 긴 이   이효숙
펴 낸 이   장영재
펴 낸 곳   (주)미르북컴퍼니
자 회 사   더스토리
전   화   02-3141-4421
팩   스   0505-333-4428
등   록   2012년 3월 16일(제313-2012-81호)
주   소   서울시 마포구 성미산로32길 12, 2층 (우 03983)
E - m a i l   sanhonjinju@naver.com
카   페   cafe.naver.com/mirbookcompany
S N S   instagram.com/mirbooks

* (주)미르북컴퍼니는 독자 여러분의 의견에 항상 귀 기울이고 있습니다.
* 파본은 책을 구입하신 서점에서 교환해 드립니다.
* 책값은 뒤표지에 있습니다.